LandFrauen-Kreisverband Lüneburg

DAS LÜNEBURGER
LANDKOCHBUCH

Zwischen Elbe und Heidesand-Gebäck

Vorwort

Als wir vom Verlag Edition Limosa GmbH gefragt wurden, ob wir uns vorstellen könnten, ein Kochbuch aus unserer Heimat mit dazu passenden Geschichten und Fotos zu erstellen, wollten wir uns diese einmalige Gelegenheit nicht entgehen lassen.

Der LandFrauen-Kreisverband Lüneburg mit mehr als 2200 Mitgliedern in 17 Ortsvereinen bildet eine starke Gemeinschaft, die sich für die Interessen aller Frauen auf dem Land einsetzt. Tradition möchten wir bewahren, sind aber ebenso offen für Neues. Besonders die Themen »Gesunde Ernährung« und Hauswirtschaft in Schulen liegen uns am Herzen.

So kamen dann schnell reichlich Rezepte zusammen, von denen wir hier nur einen Teil einbringen konnten. Spaß an der Hauswirtschaft und Kochen als Abenteuer, das wollen wir LandFrauen des Kreisverbandes Lüneburg gern möglichst vielen Menschen vermitteln. Selbst zubereitete Speisen mit regionalen und saisonalen Produkten, die noch den ursprünglichen Geschmack auf der Zunge entfalten – das kostet nicht viel Zeit, ist oft viel preiswerter und vor allem gesünder als »Fast Food«. Durch das eigene Kocherlebnis wird jede Fernsehshow in den Schatten gestellt.

Probieren Sie es selbst aus, es ist wirklich kinderleicht! In unserem Lüneburger Landkochbuch haben wir für Sie viele leckere Rezepte aus der Region aufgeschrieben, die sich leicht nachkochen lassen. Hier finden Sie sicher genügend Ideen, um sich Ihr eigenes Menü mit frischen Zutaten zusammenzustellen. Genießen Sie dazu Geschichten und Fotos, entdecken Sie Land und Leute! Verwöhnen Sie Magen, Geist und Seele, probieren Sie unsere schöne Heimat einfach mal!

Wir – das Autorinnen-Team – Sabine Block, Karen Greve-Krause, Heike Hencke, Barbara Hoyer, Annette Kammeier, Marlene Luda, Heidemarie Pohl, Heike Schölzel, Katharina Stelter, Sabine Tschentscher, wünschen viel Spaß bei dieser Entdeckungsreise und »Guten Appetit«!

Sabine Block
(1. Vorsitzende des Kreisverbandes der LandFrauen Lüneburg)

Endlich fertig

Ein herzliches Dankeschön ...

– an die LandFrauen aus den 17 Ortsvereinen unseres Kreisverbandes, die ihre Rezepte zur Verfügung gestellt haben:

– Amelinghausen
– Artlenburg
– Bleckede
– Brackede
– Brietlingen / Lüdershausen
– Dahlenburg
– Echem
– Hohnstorf / Hittbergen
– Horburg / Bütlingen

– Kirchgellersen
– Lüdersburg / Jürgenstorf
– Lüneburg
– Melbeck
– Nahrendorf
– Neetze
– Reinstorf
– Thomasburg

– an Herrn Michael Hohmann, Chefkoch im Restaurant Schloss Lüdersburg, für sein Zanderfilet-Rezept
– sowie Herrn Thomas Rund, geprüfter Küchenmeister aus Oldendorf, für zwei Heidschnucken-Rezepte
– allen, die mit Gedichten, Anekdoten und Geschichten unser Buch bereichert haben.
– allen, die mit ihren wunderschönen Fotos einen kleinen Eindruck unserer herrlichen Gegend vermitteln.
– allen, die auf unsere zahlreichen Fragen die richtigen Antworten wussten.
– allen, die uns mit Anregungen und Ideen unterstützt haben.
– allen, die unsere gesammelten Werke in die entsprechende Form brachten.

5

Das Autorinnenteam

Geschichten und Erzählungen

Ringelblumen aus dem Kräuterbeet des LFV Echem

Inhaltsverzeichnis

Wenn nicht anders vermerkt, sind alle Rezepte für vier Personen ausgelegt.

Typischer Schafstall der Lüneburger Heide

Unsere Heimat zwischen Elbtal und Lüneburger Heide

Von Sabine Block und Karen Greve-Krause

Im Süden der Metropolregion Hamburg zwischen Elbtal und Lüneburger Heide leben gut 176 000 Menschen im Landkreis Lüneburg auf einer Fläche von 1323,43 Quadtratkilometern. Die Elbtalaue mit ihren Marschböden und Grasland ist die Heimat der Vieh- und Milchwirtschaft. Auf der Geest wird vorwiegend Ackerbau betrieben. Neben Getreide und Mais sind Hackfrüchte wie Zuckerrüben und Kartoffeln die Hauptprodukte der Landwirtschaft. Besonders die Heidekartoffel ist weit über die Grenzen Niedersachsens bekannt.

Die Hanse- und Kreisstadt Lüneburg mit ihren mehr als 71 000 Einwohnern verbindet beide Landschaften. Die Salzproduktion in der Saline Lüneburg brachte der Stadt in Verbindung mit Lübeck, dem Haupt der Hanse, den Titel der Salz- und Hansestadt ein und begründete den damaligen Reichtum. Davon zeugt noch heute Lüneburgs Stadtbild. Prächtige Giebelhäuser, der Alte Kran an der Ilmenau und nicht zuletzt die Saline, in der heute das Salzmuseum untergebracht ist, berichten von der Vergangenheit der Stadt.

Durch die seit 2006 in Lüneburg gedrehte ARD-Telenovela »Rote Rosen« hat die Hansestadt an Bekanntheit gewonnen. Der Drehort zeigt das Lüneburger Wasserviertel mit dem Hotel Bergström und dem Hafen.

Schwarzbunte in der Elbmarsch

Kartoffelblüten

Im Landkreis vereinen sich Tradition und Moderne. Während in Lüneburg mittelalterliche Geschichte an zahlreichen Baudenkmälern erlebbar wird, ist beispielsweise das Amt Neuhaus ein lebendiges Schaubild jüngerer Geschichte. Nach einem Bürgerentscheid 1993 wurde das ehemals hannoversche Amt Neuhaus nach fast 50 Jahren vom Land Mecklenburg-Vorpommern an den niedersächsischen Landkreis Lüneburg zurückgegliedert. Dieser Ost-West-Transfer gilt als einmalig in der Geschichte der Bundesrepublik Deutschland.

Heute besticht die Region vor allem durch hohe Lebensqualität und erlebt einen vermehrten Zuzug von Firmen, Familien und Studierenden. Als Universitätsstadt ist Lüneburg eine sehr lebendige Stadt mit vielen Cafés und kleinen Kneipen. Mit dem geplanten Neubau des Auditorium Maximum, nach einem Entwurf des Architekten Libeskind, ist die Stadt bald um eine Sehenswürdigkeit reicher.

9

Alter Kran und altes Kaufhaus in Lüneburg

Lunabrunnen vor dem
Rathaus auf dem Marktplatz

Für die kulturelle Stadtpartie bietet Lüneburg das Dreispartentheater – Schauspiel, Musiktheater und Ballett – sowie die Museen Deutsches Salzmuseum, das Ostpreußische Landesmuseum, das alte Rathaus und das Kloster Lüne.

In der Lüneburger Heide, den Elbtalauen und den historischen Backsteingebäuden im Stadtkern der Hansestadt liegt die Erholung bei und direkt vor der Haustür. Die Lüneburger und die Lüchow-Dannenberger Elbregion bilden zusammen das Biosphärenreservat Niedersächsische Elbtalaue. Das UNESCO-Biosphärenreservat zeichnet sich durch eine große Tier- und Pflanzenvielfalt aus. Bereits ausgestorben geglaubte Tierarten wie Stör und Biber sind wieder heimisch. Der Storch ist seit Jahrhunderten ein treuer Begleiter der Menschen. Mit dem Fahrrad kann man auf dem Elberadweg (von Hamburg bis Dömitz) die Natur erkunden. Übernachten lässt es sich direkt am Elbdeich. Für die Rast laden Restaurants und auch ein Melkhus (Milchraststätte) zum Verweilen ein.

Auch die Wassersportler kommen auf ihre Kosten. So steht zum einen die Elbe für Motorboot, Segeln, Jetski und mehr zur Verfügung. Wer es etwas ruhiger liebt, kann die nahen Badeseen schwimmend oder rudernd entdecken.

Elbe bei Alt Garge

Der Storch holt sich sein Futter.

Am Rande des Landkreises liegt der Naturpark Lüneburger Heide, der die größte zusammenhängende Heidefläche Westeuropas zwischen Hamburg, Hannover und Bremen bildet. Hier können besondere Ausflüge mit der Kutsche oder mit einem Hirten und seinen Heidschnucken gemacht werden. Wandern können Sie in Begleitung eines Heiderangers, mit Hilfe einer Wanderkarte oder neuerdings sogar mit GPS. Als besondere Attraktion zur Zeit der Heideblüte gelten die traditionellen Heideblütenfeste mit Umzügen, prachtvoll geschmückten Wagen und der Wahl unserer Heideblütenkönigin.

Im Lüneburger Landkochbuch haben wir eine bunte Mischung aus Geschichten, Bildern und vor allem leckeren Rezepten aus der gesamten Region zusammengetragen, damit Sie als Leser einen möglichst umfassenden Eindruck unserer schönen Heimat erhalten. Genießen Sie die Rezepte und lassen Sie sich durch die Fotos anregen, unsere Region einmal näher kennenzulernen. Sie werden sich in diese besondere Ecke Deutschlands bestimmt verlieben ... und die Liebe geht bekanntlich auch durch den Magen.

11

Schäfer und Auszubildende

Mühle Hittbergen

Bütlinger Hochzeitssalat »Frühlingsplatte«

370 g leichte Salatmajonäse	auf einer Platte mit Rand verteilen.
300 g Schinken	würfeln, auf die Platte geben und etwas in die Salatmajonäse drücken.
200 g Champignons (Konserve)	abtropfen lassen, in kleine Stücke schneiden, über dem Schinken verteilen.
8 Eier	hart kochen, pellen und würfeln. Dann über die Champignons geben.
100 g Seelachsschnitzel in Öl	abtropfen lassen, klein schneiden und auf den Champignons verteilen.
2 Bund Schnittlauch	in feine Röllchen schneiden und dick über die Seelachsschnitzel streuen.

12

Lachs-Zucchini-Creme

2 Eier	hart kochen, abschrecken, pellen und im Eierschneider würfeln.
100 g Räucherlachs	in 1 cm große Würfel schneiden.
200 g Doppelrahm-Frischkäse mit Meerrettich	mit
Salz, Pfeffer	glatt rühren. Die Eier- und Lachswürfel unterheben.
150 g Zucchini	putzen, grob raspeln, davon 1 Esslöffel zur Garnierung aufbewahren, den Rest unter den Frischkäse heben. Abgedeckt mindestens 1 Stunde durchziehen lassen. Vor dem Servieren mit Zucchiniraspel garnieren.

> *Die Lachs-Zucchini-Creme schmeckt gut auf Knäckebrottalern, Crackern oder Pumpernickel. Die Creme ist auch ein komplettes Mittagessen, wenn Sie Pellkartoffeln dazu reichen.*

Hochzeitsgesellschaft im letzten Jahrhundert

Feldsalat mit Speckcroûtons

150 g Feldsalat	putzen, waschen und trocken schleudern.
100 g Möhren	schälen und in feine Stifte schneiden.
50 g Walnusskerne	grob hacken. Feldsalat mit Möhren und Nüssen in einer Schüssel mischen.
4 EL Apfelessig	mit
Salz, Pfeffer	sowie
5 EL Walnussöl	verquirlen und über den Salat gießen.
80 g Bacon	in feine Würfel schneiden und in einer Pfanne ohne Fett knusprig ausbraten. Die Speckwürfel aus der Pfanne nehmen und auf Küchenpapier abtropfen lassen.
2 Scheiben Graubrot	entrinden und in Würfel schneiden.
2 EL Öl	im Speckfett erhitzen und die Brotwürfel darin knusprig braten. Croûtons und Speckwürfel über den Salat streuen und sofort servieren.

13

Historische Aufnahme »Buedelkluett Köchinnen«
aus Horburg/Bütlingen

Lachsrolle

4 Eier	schaumig rühren, mit
1 TL Salz, 1 Prise Pfeffer	würzen und auf ein mit Backpapier ausgelegtes Backblech verteilen.
150 g TK-Blattspinat (aufgetaut)	gut ausdrücken und über der Eimasse verteilen. Mit
3 EL geriebener Käse	bestreuen und im vorgeheizten Backofen bei 180 °C (Umluft) etwa 10 Minuten backen. Dann auf ein Geschirrtuch stürzen und das Backpapier mit kaltem Wasser einpinseln, das Backpapier lässt sich nun leicht abziehen. Auf das Blech zurück stürzen und auskühlen lassen.
200 g Frischkäse	mit
2 EL Mineralwasser	glatt rühren und die Ei-Spinat-Platte damit bestreichen. Mit
200 g Räucherlachs in Scheiben	belegen, aufrollen und in Folie wickeln.

14

Am besten über Nacht kühl stellen, dann in Scheiben schneiden und anrichten.

Flachsfest in Dahlenburg mit den Spinnerinnen

Matjessalat in Variationen

Die folgenden drei Salat-Variationen werden zu einem Salatensemble vereint.

Variation »traditionell«

1 kg Matjesfilets	in kleine Würfel schneiden.
250 g Tomaten	und
250 g Zwiebeln	
250 g Salatgurke	sowie
250 g saure Gurke	würfeln und mit dem Matjes vermischen. Mit
Pfeffer	würzen und etwas
Öl	für den Glanz unterrühren. Davon ein Drittel in einer Schüssel anrichten. Der Rest (die übrigen zwei Drittel) wird weiter verarbeitet.

Variation »cremig«

200 g Crème fraîche oder Schmand	dem in der Schüssel verbliebenen Salat nach Geschmack zufügen. Frische
Kräuter (Petersilie, Dill)	klein hacken und untermischen. Die Hälfte dieser Mischung in eine Schüssel füllen und anrichten. Der Rest (das letzte Drittel) wird weiter verarbeitet.

Variation mit Kartoffeln, Ei und Rote Bete

2 gekochte Eier	im Eierschneider würfeln.
200 g Pellkartoffeln	sowie
100 g gekochte Rote Bete	würfeln.
1 Apfel	in feine Würfel schneiden. Dann alle Zutaten dem letzten Drittel Salat zufügen. Etwa 10 Minuten ziehen lassen, damit der Farbstoff der Roten Bete sich verteilen kann. Jetzt kann das letzte Drittel des Salates angerichtet werden.

15

Herbstlicher Türschmuck

Remouladensauce

2 Eier	hart kochen und pellen. Das Eiweiß fein hacken, zur Seite stellen. Die Eigelbe durch ein Sieb streichen, mit
1 rohes Eigelb	und etwas
Salz	gut verrühren. Dann tropfenweise
60 ml Salatöl	unter Schlagen hinzufügen, bis die Masse steif genug ist. Nun
2 EL Essig oder Zitronensaft	sowie
1 TL Senf	unterrühren und weitere
60 ml Salatöl	zufügen.
½ Zwiebel	sowie
2 kleine Gewürzgurken	würfeln, dazugeben.
1 EL Kapern	klein hacken, hinzufügen.
3 Sardellen	gut wässern, klein schneiden und mit
1 EL gehackte Kräuter (Petersilie, Schnittlauch)	unter die Masse rühren. Nun das gehackte Eiweiß dazugeben und mit
Pfeffer	abschmecken.

> *Die Remouladensauce passt sehr gut zu gekochten Eiern, Roastbeef oder Sauerfleisch mit Bratkartoffeln und schmeckt ausgezeichnet zu geräucherter Pute und Fondue.*
>
> *Diese Sauce passt zu Aurelias Sauerfleisch (Rezept S. 95).*

Treppenspeicher in Westergellersen

Lauwarmer Brotsalat mit Käse

200 g dunkles Brot	in kleine Würfel schneiden und in einer Pfanne mit
50 g Butter	anrösten. Das Brot herausnehmen und in eine Schüssel geben.
150 g Zwiebeln	würfeln und mit
10 ml Öl	anbraten.
2 Äpfel	würfeln und dazugeben.
1 EL Senf (mittelscharf)	unterrühren und mit
2 EL Essig	sowie
Honig (nach Geschmack)	und eventuell etwas Wasser ablöschen. Die Masse zum Brot geben.
Petersilie (gehackt)	darüberstreuen, gut durchmischen und auf Tellern anrichten.

Dazu reichen Sie verschiedene Weich- und Hartkäsesorten, Fruchtsenf und angemachten Feldsalat, ideal als kleiner Imbiss oder als Vorspeise für vier Personen.

17

Bienenstöcke am Waldesrand

Orangefarbenes Habichtskraut

Das Heideblütenfest in Amelinghausen

Von Hans-Jürgen Pyritz

Im Jahre 1949 beschlossen die Mitglieder des Männerchores Amelinghausen im Rahmen ihres Sängerfestes ein junges Mädchen zur Heidekönigin zu wählen. So wurde die erste Heidekönigin gekrönt. Da diese Idee so erfolgreich war, wurde im Jahr 1950 das erste offizielle Heideblütenfest auf dem Kronsberg in Amelinghausen gefeiert. Das Programm wurde in erster Linie von Mitgliedern der örtlichen Vereine erstellt und vorgetragen. Im Laufe der Jahre entwickelte sich das Heideblütenfest immer weiter und wurde zunächst über drei Tage immer im August gefeiert.

Als im Jahre 1974 das 25-jährige Jubiläum anstand, beschlossen die Organisatoren, das Heideblütenfest auf neun Tage auszudehnen. Seit diesem Tage fand die Eröffnungsveranstaltung am Lopausee mit der schwimmenden Bühne erstmalig statt.

18

Festumzug mit Heidekönigin

Festwagen beim Heideblütenfest in Amelinghausen

Zur Eröffnungsveranstaltung gehören neben dem Programm auf der Schwimmbühne und an Land auch viele Stände, die sich um das Wohl der vielen tausend Gäste kümmern. Zum Abschluss der Veranstaltung wird dem Publikum ein einmaliges Höhen-Brilliant-Feuerwerk geboten.

Absoluter Höhepunkt des Festes aber ist die Wahl der Heidekönigin auf dem Kronsberg. Die Heidekönigin sollte ihren Wohnsitz in der Umgebung der Samtgemeinde Amelinghausen haben. Natürlichkeit und Charme sind weitere Voraussetzungen für die Wahl und natürlich ein wenig Mut, sich den Zuschauern und der Jury vorzustellen.

Bei dem alljährlichen großen Festumzug führt die frisch gekürte Heidekönigin den Umzug mit ihrem königlichen Wagen an. Ihr folgen dann etwa 30 weitere Fest- und Motivwagen, Fußgruppen, Musik- und Spielmannszüge. Während ihrer einjährigen Amtszeit repräsentiert die Heidekönigin die Samtgemeinde Amelinghausen und den Landkreis Lüneburg in vielen Teilen Deutschlands.

19

Heidekönigin mit Hofdamen

Heide in voller Blüte

Rote Bete-Salat mit Knobi

600 g Rote Bete	kochen und pellen.
2 säuerliche Äpfel	schälen und mit der Roten Bete fein raspeln. In eine Schüssel geben.
3 Knoblauchzehen	schälen, zerdrücken, dazugeben.
50 g Walnüsse	hacken und mit
1 EL gehackte Petersilie	vermengen, zum Salat geben. Für das Dressing
3 EL Balsamico-Essig	mit
1 TL gemahlener Kümmel	sowie
1 EL brauner Zucker	
4 EL Pflanzenöl	
1 Spritzer Zitronensaft	und
Salz, Pfeffer	vermengen und über den noch warmen Salat gießen. Etwa 2 Stunden ziehen lassen.

Rund 30 Minuten vor dem Essen aus dem Kühlschrank nehmen und noch einmal durchmengen, eventuell mit Salz und Pfeffer nachwürzen.

Die Elbe und ihre Auen bilden die Lebensader im Biosphärenreservat Niedersächsische Elbtalaue – hier gesehen vom Aussichtsturm am Kniepenberg bei Drethem

Selleriesalat

750 – 1000 g Sellerie	sauber bürsten, anschließend in etwa
1 l Salzwasser	weich kochen. Danach den Sellerie in kaltem Wasser abschrecken, schälen und in Streifen oder Scheiben schneiden. Für die Marinade
1 kleine Zwiebel	würfeln und mit
2 EL Öl	
2 EL Balsamico-Essig	sowie
2 EL Zitronensaft	verrühren. Die Marinade mit
½ TL Salz, ½ TL Pfeffer	würzen. Den geschnittenen Sellerie damit übergießen.
1 TL gehackte Petersilie	unterziehen und den Salat vor dem Servieren gut durchziehen lassen.

Spargeltoast à la Thorsten (für 1 Portion)

21

2 Scheiben Toastbrot	mit
Butter	bestreichen und mit
2 Scheiben gekochter Schinken	belegen.
6 – 8 Stangen Spargel (vorgekocht)	halbieren, nebeneinander auf das Toastbrot legen.
2 Scheiben Käse	über den Spargel legen. Im Backofen bei 200 °C etwa 10 bis 12 Minuten backen.
1 Tomate	in Stücke schneiden und mit
1 EL Petersilie	als Garnitur auf dem Toastbrot verteilen.

Im Sommer sind die Ausflugsschiffe auf der Elbe sehr beliebt.

Weißkohlsalat

1 kg Weißkohl	und
1 Zwiebel	fein schneiden und in eine große Schüssel geben.
150 ml Essig	mit
150 g Zucker	
150 ml Öl	
1 TL Salz, ½ TL Pfeffer	und
1 TL gemahlener Kümmel	verrühren und aufkochen lassen. Den Sud heiß über den Kohl gießen.

Den Salat 24 Stunden durchziehen lassen.

Heidschnucken in Südergellersen

Alter Schlauchturm in Südergellersen

Fenchelsalat

2 Gemüsefenchel (nur das Weiße verwenden)	und
1 säuerlicher Apfel	in kleine Streifen schneiden.
4 EL Joghurt	mit
2 EL Sahne	
2 EL Zitronensaft	verrühren und mit
Honig (flüssig) oder Ahorn-Sirup	abschmecken.

> *Das Grüne vom Fenchel klein schneiden und als Dekoration darüberstreuen.*

23

Chicorée-Salat in Senfsauce

2 Chicorée	halbieren, etwa 30 Minuten in Wasser legen, abtropfen lassen, den Kern entfernen.
200 ml Sahne	mit
2 TL milder Senf	
1 TL Zucker	und
1 Prise Salz	verrühren.
2 Mandarinen (Konserve)	abtropfen lassen, in Stücke schneiden und vorsichtig mit der Sauce mischen. Chicorée in Streifen schneiden, mit der Sauce vermischen und sofort servieren.

Denkmal in Kirchgellersen

Deutsch Everner Porreesuppe

5 Stangen Porree	säubern und in Ringe schneiden.
2 Zwiebeln	in Würfel schneiden.
50 g Butter	schmelzen, Porree und Zwiebeln darin anschwitzen. Dann mit
15 g Mehl	bestäuben und mit
1 l Fleischbrühe	ablöschen, etwa 30 Minuten kochen lassen.
50 g Schmelzkäse	in Flocken mit dem Schneebesen einrühren.
150 g Schinkenstreifen	sowie
250 ml Sahne	und
125 ml Weißwein	hinzufügen, aufkochen lassen und die Suppe in Suppentassen füllen. Mit
Parmesankäse (gerieben)	bestreuen.

24

Lampionblume

Bleckeder LandFrauen
auf Draisinenfahrt

Bärlauchsuppe

200 g Bärlauchblätter mit Zwiebeln	waschen, Blätter in Streifen, Zwiebeln in Würfel schneiden.
2 Schalotten	schälen, fein hacken. Alle Zutaten in
20 g Butter	andünsten. Mit
750 ml Fleischbrühe	auffüllen und bei mittlerer Hitze 10 Minuten köcheln lassen. Dann mit einem Mixer pürieren.
250 ml Sahne	unterrühren. Mit
Salz, Pfeffer	abschmecken.

Dazu schmeckt frisches Landbrot.

Birnen-Sellerie-Suppe

1 Zwiebel	würfeln und in
25 ml Öl	anschwitzen.
500 g Sellerie	und
300 g Birnen	schälen, würfeln, zur Zwiebel geben und ebenfalls anschwitzen. Mit
600 ml Geflügelfond	ablöschen.
2 Msp. Cayennepfeffer	hinzufügen und 25 Minuten garen. Dann pürieren, mit
100 ml Sahne	auffüllen und mit
Salz	abschmecken. Mit
Basilikumblätter	garnieren.

Herbststrauß

Buttermilchsuppe mit Mehlklößen

2 l Buttermilch	unter Rühren aufkochen lassen.
250 g gemischtes Backobst	sowie
150 g Rosinen	
125 g Sago	dazugeben und etwa 45 Minuten köcheln lassen, dabei ab und zu umrühren.
4 Eier	in einer großen Schüssel aufschlagen, mit
50 g Zucker	und
1 Pck. Vanillezucker	verrühren. Nun 2 Kellen voll heiße Suppe einrühren, dann den Rest heiße Suppe zugeben und alles gut verrühren.

Die Mehlklöße

	pro Person
1 EL Mehl	und
1 Prise Salz	in einer Schüssel vermischen. Etwas kochendes Wasser über das Mehl gießen und zu einem Teig verkneten. Daraus kleine Klöße formen (Hände vorher kalt abspülen).
2 l Wasser	zum Kochen bringen. Klöße in das kochende Wasser gleiten lassen und weitergaren lassen. Die Klöße sind fertig, wenn sie oben schwimmen.

26

Wildgänse im Abflug

Fliederbeersuppe mit Grießklößchen

1 kg Holunderbeeren	mit der Gabel von den Dolden streifen, waschen und in
1 l kochendes Wasser	geben. Die abgeriebene Schale von
½ Zitrone	und
1 Stück Zimtstange	dazugeben, 10 Minuten leicht köcheln lassen. Anschließend durch ein Sieb gießen.
2 säuerliche Äpfel	schälen, Kerngehäuse entfernen, in feine Scheiben schneiden und mit dem gewonnenen Fliederbeersaft in einem Topf erhitzen.
1 Prise Salz	sowie
130 g Zucker	hinzufügen und aufkochen.
20 g Speisestärke	in wenig kaltem Wasser anrühren und die Suppe damit binden.

Die Grießklößchen

250 ml Milch	mit
30 g Butter	
1 Prise Salz, 1 EL Zucker	aufkochen.
100 g Grieß	einrühren und zum Kloß abbrennen.
1 Ei	hinzufügen und unterrühren. Mit einem Teelöffel Klößchen abstechen und in die Fliederbeersuppe gleiten lassen. Den Teelöffel immer wieder in heißes Wasser tauchen. Etwa 10 Minuten gar ziehen lassen, aber nicht mehr kochen!

27

Alternativ können Sie etwa 1 Liter fertigen Fliederbeersaft verwenden.

Hier halte ich Wacht!

Pikante Apfelsuppe

4 Äpfel	sowie
2 rote Paprikaschoten	
1 Salatgurke	und
1 Knoblauchzehe	schälen, entkernen und in Würfel schneiden. Alle Zutaten in
50 g Butter	weich dünsten und mit
750 ml Fleischbrühe	aufgießen. Gut durchkochen lassen. Mit
Salz, Pfeffer, Paprika	sowie
1 TL Zucker	würzen. Die Suppe mit dem Mixer pürieren.
100 ml Sahne	zugießen und nochmals aufkochen lassen.
1 Bund Schnittlauch	in Röllchen schneiden, die Suppe damit garnieren und heiß servieren.

28

Totengrund bei Wilsede mitten im Naturpark Lüneburger Heide

Wanderweg durch die Weseler Heide

Die Oldendorfer Totenstatt

Von Christel Wegener

Etwa 800 Meter vom Ort Oldendorf entfernt liegen inmitten einer Heidefläche die Gräber unserer Vorfahren. Um 3700 v.Chr. wurde diese Stätte angelegt. Acker-bauern, die von Süd- und Osteuropa kamen und sich hier an der Luhe ansiedelten, haben einen Friedhof angelegt. Die Gräberfläche ist 80 Meter lang und fünf Meter breit und hatte einst 108 große Findlinge als Einfassungssteine. Am westlichen Ende hat man die Grabkammer geöffnet und viele Artefakte, darunter auch Steinwerkzeug freigelegt. Außerdem fand man dort Hügelgräber aus der Bronzezeit und Urnengrä-ber aus der Völkerwanderungszeit. Diese Stätte ist bereits seit über 5000 Jahren ein Friedhof gewesen.

Auf dieser historischen Fläche findet in jedem Jahr am Himmelfahrtstag der ökume-nische Gottesdienst statt, der von vielen Posaunenchören begleitet wird. Es ist ein ganz besonderer Tag, in einer ganz besonderen Atmosphäre. Im Anschluss an den Gottesdienst bieten die LandFrauen ein Suppenbüffet an. Jede LandFrau kocht in ihrem größten Topf eine schmackhafte Suppe. Zehn verschiedene Suppen werden verteilt, die von den Besuchern dankend angenommen werden.

29

Oldendorfer Totenstatt mit Hinweistafel

Ansicht eines Grabes in der Totenstatt

Grießklößchensuppe nach Horburger Art

1 Bund Suppengrün	säubern. In
1 l Wasser	mit
¼ TL Salz	erhitzen
4 Möhren	und
5 Kartoffeln	schälen, würfeln und zum Suppengrün geben.
500 g grüne Erbsen (frisch oder TK)	hinzufügen und gar kochen. Dann etwa
500 ml Wasser	auffüllen.
500 g gekochte Wurst (mit Knoblauch)	in Würfel schneiden und dazugeben. Mit
1 EL Salz, 1 Prise Zucker	sowie
1 TL gekörnte Brühe	abschmecken.
10 g Butter	hinzufügen.

30

Die Grießklößchen

500 ml Milch	mit
4 EL Zucker, 1 Prise Salz	sowie
1 Msp. Muskat	aufkochen lassen.
250 g Hartweizengrieß	dazugeben, den Teig abbrennen und etwas erkalten lassen.
2 Eier	unterrühren, abkühlen lassen. Mit 2 Teelöffeln kleine Klöße formen, zur Suppe geben. Die Suppe nochmals kurz aufkochen.

St. Michaelis ragt über die Dächer von Lüneburg.

Kartoffelsuppe mit Pfifferlingen

300 g Kartoffeln	schälen und würfeln.
1 kleine Stange Porree	sowie
1 kleine Möhre	putzen und würfeln. Alle Zutaten in
30 g Butter oder Margarine	andünsten. Dann
800 ml Gemüsebrühe	auffüllen und 15 Minuten kochen lassen.
75 g Bacon (durchwachsener Speck)	würfeln und in der Pfanne auslassen.
250 g Pfifferlinge (frisch oder TK)	putzen und im ausgelassenen Speck 8 bis10 Minuten braten.
1 Kästchen Kresse	schneiden und etwa die Hälfte davon mit
100 g Crème fraîche	in die Suppe geben und pürieren. Die Speck-Pfifferling-Mischung unterrühren und mit
Salz, Pfeffer (aus der Mühle)	abschmecken. Mit der restlichen Kresse garnieren.

31

Der Platz »Am Sande« mit dem schiefen Turm von St. Johannis

Möhren-Ingwer-Suppe

400 g Möhren	sowie
50 g Ingwer (frisch)	
1 Zwiebel	schälen, schneiden und in
1 EL Olivenöl	andünsten. Mit
400 ml Gemüsebrühe	auffüllen und 20 Minuten kochen lassen.
250 ml Milch	und
100 g Joghurt	dazugeben und mit dem Mixer pürieren. Mit
½ TL Curry	
1 Msp. Koriander	und
Pfeffer, Salz	abschmecken.
½ Bund Petersilie	hacken und über die Suppe streuen.

Möhren als Dekoration

Dorfstraße in Barskamp

Jürgenstorfer Hochzeitssuppe

500 g Ochsenbein	mit
1 Bund Suppengrün	
1 EL Salz	und
10 Pfefferkörner	in
3 l Wasser	etwa 1 Stunde köcheln lassen. Dann die Brühe durch ein Sieb gießen, das Fleisch zur Seite stellen.
6 Eier	mit
125 ml Milch	und etwas
Muskatnuss (gerieben)	verquirlen, in eine kleine eingefettete Schüssel geben. Die Schüssel etwa 30 Minuten in kochendes Wasser stellen und als Eierstich fest werden lassen. Den Eierstich in Würfel schneiden.
500 g Hackfleisch	mit
1 Zwiebel (fein gehackt)	sowie
1 Knoblauchzehe (gepresst)	
1 Ei	
1 TL Senf	
2 EL Semmelbrösel	und
1 TL Salz, ½ TL Pfeffer	verkneten, kleine Bällchen formen und in einer Pfanne anbraten.
200 g Spargelspitzen (Glas oder frisch)	zusammen mit dem Eierstich und den Hackbällchen in die fertige Brühe geben.
1 Bund Petersilie	fein hacken und die Suppe damit bestreuen.

Mit dem Fleisch kann man einen Rindfleischsalat oder Teufelssalat herstellen.

33

Barskamp aus der Luft

Hokkaido-Kürbissuppe

2 große Zwiebeln	fein würfeln und in
50 ml Öl	andünsten.
1,5 kg Hokkaido-Kürbis	in Stücke schneiden, nicht abschälen – nur schadhafte Stellen entfernen.
1 Stück frischer Ingwer	schälen und reiben.
4 große Möhren	schälen und fein raspeln. Alle Zutaten zu den Zwiebeln geben. Mit
2 l Gemüsebrühe	auffüllen und
400 g Kokosmilch	dazugießen. Etwa 15 Minuten köcheln lassen.
8 Scheiben gekochter Schinken	würfeln und in die Suppe geben.
200 ml Sahne	sowie
2 EL Honig	
Curry, Salz, Pfeffer	
Balsamico-Essig	und etwas
Weißwein	hinzufügen. Nochmals 15 Minuten leicht köcheln lassen. Ist der Kürbis weich, die Suppe mit dem Pürierstab sämig rühren.
200 g Mandelblättchen, Sonnenblumen-, Kürbis- und Pinienkerne	in einer fettfreien Pfanne rösten.
200 ml Sahne	steif schlagen. Die Suppe auf Teller füllen und mit etwas
Kürbiskernöl	beträufeln. Mit gerösteten Kernen und mit einem Klecks geschlagene Sahne anrichten.

Als Beilage Baguette und Kräuterbutter reichen.

Geschmückter Kürbis
zum Erntedankfest

Zitronensuppe mit Sago

1,5 l Wasser	aufkochen.
2 unbehandelte Zitronen	dünn abschälen, dann auspressen, den Saft beiseite stellen, die Schale sowie
1 Zimtstange	in das Wasser geben und 10 Minuten ziehen lassen. Danach Schale und Zimtstange entfernen.
120 g Sago	in die Flüssigkeit geben, bei kleiner Hitze köcheln, bis die Sago-Kügelchen glasig sind. Den Zitronensaft mit
3 Eigelb	sowie
150 g Zucker	schaumig schlagen und unter die Sagosuppe ziehen. Unter Rühren einmal kurz aufwallen lassen und von der Herdplatte ziehen. Die Suppe abkühlen lassen
3 Eiweiß	mit
1 Pck. Bourbon-Vanillezucker	ganz steif schlagen. Mit Hilfe von 2 Esslöffeln kleine Bällchen Eischnee auf die kalte Suppe setzen.

Die Suppe kalt genießen.

35

Alte Karre zu neuem Leben erweckt

Wie die Hanse entstand

Von der Hansestadt Lüneburg

Die Hanse war eine Organisation von niederdeutschen Fernkaufleuten, der rund 70 große und 100 bis 130 kleinere Städte angehörten. Diese Städte lagen in einem Gebiet, das heute sieben europäische Staaten umfasst: von der niederländischen Zuidersee bis nach Estland und vom schwedischen Visby bis zur Linie Köln-Erfurt-Breslau-Krakau.

Aus diesem Raum heraus erschlossen sich die hansischen Fernkaufleute einen wirtschaftlichen Einflussbereich, der im 16. Jahrhundert von Portugal bis Russland und von den skandinavischen Ländern bis nach Italien reichte. In ihrer Blütezeit war die Hanse so mächtig, dass sie zur Durchsetzung ihrer Interessen Wirtschaftsblockaden

36

Damen in historischen Gewändern

Abordnung der Hansestädter beim Festumzug zum Hansetag in Lüneburg

gegen Königreiche und Fürstentümer verhängte und im Ausnahmefall sogar Kriege führte.

Vom 13. bis in die Mitte des 15. Jahrhunderts beherrschte die Hanse weitgehend den Fernhandel des nördlichen Europa, konnte aber nie eine Monopolstellung erringen. Die hansischen Kaufleute versorgten West- und Mitteleuropa mit den Waren des nördlichen und östlichen Europa. Hierzu gehörten zum Beispiel Pelze, Wachs, Getreide, Fisch, Hanf, Holz und Holzbauprodukte. Nach Norden transportierten die Hansekaufleute wiederum die gewerblichen Fertigprodukte des Westens und Südens wie Tuche, Metallwaren und Gewürze.

Zentrale Umschlagsplätze dieses Handels waren die Kontore der Hanse in Novgorod (St. Peterhof), Bergen (Deutsche Brücke), Brügge und London (Stalhof). Daneben unterhielt die Hanse von Russland bis nach Portugal über halb Europa verteilt zahlreiche kleinere Niederlassungen, die sogenannten Faktoreien. Mit ihrem engeren Zusammenschluss im 14. Jahrhundert wollten die Hansestädte auch Problemen begegnen, die durch die wachsende Konkurrenz englischer, italienischer und süddeutscher Kaufleute und holländischer Frachtfahrer und durch die staatliche Erstarkung in den Zielländern des Handels entstanden. Diese Entwicklung ließ sich jedoch nicht aufhalten und führte dazu, dass der Einfluss der Hanse zurückging. Die aufkommenden nationalen und territorialen Wirtschaften ließen einer überregionalen Handelsgemeinschaft wie der der Hansekaufleute und Hansestädte keinen Raum mehr. Im Jahre 1669 fand in Lübeck der letzte Hansetag der historischen Hanse statt.

Die Hanse hat von der Mitte des 13. bis zum Ende des 17. Jahrhunderts über 400 Jahre lang die Wirtschafts-, Handels- und Machtpolitik im nördlichen Europa mitbestimmt und in Teilen auch entscheidend mitgestaltet.

1980 hat sich die Neue Hanse (auch: Städtebund DIE HANSE) gegründet. 176 Hansestädte gehören diesem Bund aktuell an – darunter auch Lüneburg, das seit 2007 auch offiziell den Titel Hansestadt trägt. DIE HANSE der Neuzeit ist im Gegensatz zur historischen Hanse kein loser Zusammenschluss von Städten, sondern präsentiert sich als eine international agierende Organisation. DIE HANSE hat es sich zur Aufgabe gemacht, die Bedeutung und das Selbstbewusstsein der Hansestädte sichtbar zu machen und die Zusammenarbeit zwischen ihnen zu fördern – auch über Grenzen hinweg.

LandFrauen begeistern die Besucher der Hansetage
mit Rosmarinkartoffeln und Kräuterquark.

37

Steckrübensuppe mit Räucherlachs

600 g Steckrüben	putzen, klein würfeln und mit
20 g Butter	andünsten.
900 ml Gemüsebrühe	aufgießen und etwa 20 Minuten kochen lassen.
300 g Kartoffeln (mehlig kochend)	schälen, würfeln, dazugeben und weitere 15 Minuten kochen. Die Suppe anschließend fein pürieren. Mit
Salz, Pfeffer	nach Geschmack würzen.
100 ml Sahne	einrühren.
100 g Räucherlachs	in feine Streifen schneiden und in der heißen Suppe gar ziehen lassen.

Sauerampfer-Frühlingssuppe

38

3 – 4 Handvoll verlesene Sauerampferblätter	waschen, abwellen (blanchieren), trocknen lassen, dann grob schneiden und in
1 EL Margarine	dünsten. Mit
1 l Gemüsebrühe	auffüllen und 15 Minuten kochen lassen. Vom Herd nehmen und mit
Salz, Pfeffer	abschmecken.
100 ml Sahne	unterrühren und in 4 Suppentassen füllen.
4 Scheiben Toastbrot	auf die Suppe legen. Mit
30 g Parmesan	bestreuen. Im Ofen bei 200 °C (Ober- und Unterhitze) kurz überbacken.

Pfauenauge

Weißkohleintopf

50 g Speck	klein schneiden, in
10 ml Öl	auslassen.
750 g gemischtes Hackfleisch	im Speck anbraten und mit
500 ml Wasser	ablöschen.
2 kg Weißkohl	ohne Strunk in schmale Streifen schneiden.
2 große Zwiebeln	würfeln mit den Kohlstreifen zum Hackfleisch geben.
2 Lorbeerblätter	sowie
15 Wacholderbeeren	
1 TL Salz	und
10 Pfefferkörner	dazugeben. Etwa 1 Stunde köcheln lassen, gelegentlich umrühren und eventuell noch etwas Wasser zugeben.

*Zu schön für den Schrott –
Kunst im Garten*

Blickfang Haustür

Heidestampfkartoffeln mit Kräutern

1 kg Kartoffeln (mehlig kochend)	schälen und in
1 l Salzwasser	gar kochen. Das Wasser abgießen und dann zusammen mit
100 ml Milch	mit einem Kartoffelstampfer grob stampfen.
150 g durchwachsener Speck	in kleine Würfel schneiden, in eine Pfanne mit
50 g Butterschmalz	geben und erhitzen.
1 Zwiebel	klein schneiden, dazugeben und etwas anbräunen lassen. Die heiße Masse zu den gestampften Kartoffeln geben.
100 g frische Kräuter (Petersilie, Schnittlauch, Rosmarin)	klein hacken und unterrühren.

40

Ofenkartoffel – überbacken

4 große Kartoffeln	gut waschen, kochen, halbieren, aushöhlen. Die ausgehöhlte Masse mit einem Kartoffelstampfer zerdrücken.
50 g durchwachsener Speck	und
1 Zwiebel	würfeln, anbraten und mit der zerdrückten Kartoffelmasse mischen. Mit
Salz, Pfeffer, Majoran	sowie
Paprika (edelsüß)	abschmecken und in die ausgehöhlten Kartoffeln füllen.
8 Scheiben Käse	in Streifen schneiden und über die Kartoffeln geben. Im vorgeheizten Backofen bei 180 °C etwa 20 Minuten überbacken.

Blühendes Kartoffelfeld

Kartoffel-Kürbis-Auflauf mit Hack

1 kg Kartoffeln (festkochend)	kochen und anschließend die Schale abpellen.
1 Zwiebel	würfeln und mit
500 g Rinderhackfleisch	kurz anbraten. Mit
Salz, Pfeffer, Muskat	würzen.
1 kg Hokkaido-Kürbis	schälen, entkernen und in Scheiben schneiden.
4 Knoblauchzehen	durch die Presse drücken, die Kürbisscheiben damit einreiben und mit
Salz	würzen. Dann etwa 30 Minuten marinieren lassen. Danach von beiden Seiten in etwas
Rapsöl	anbraten, bis der Kürbis leicht braun ist.
4 Zwiebeln	schälen und in Scheiben schneiden. Diese in der Knoblauchmarinade der Kürbisscheiben anbraten. Eine Auflaufform mit
10 ml Öl	auspinseln, Kartoffelscheiben, Kürbisscheiben und Zwiebelringe abwechselnd fächerartig auslegen. Darauf das Hackfleisch verteilen. Zum Schluss
200 g geriebener Gouda	daraufstreuen. Die Auflaufform 30 Minuten bei 180 °C (Umluft) in den Ofen stellen, bis der Käse goldgelb ist.

Rapsfeld in der Elbmarsch

Kartoffelauflauf mit Käse und Gemüse

1 kg Kartoffeln	schälen, in Scheiben schneiden und mit
Salz, Pfeffer	würzen. Die Hälfte der Kartoffeln in eine gefettete Auflaufform füllen.
2 grüne Paprikaschoten	und
1 rote Paprikaschote	entkernen und in dünne Streifen schneiden.
200 g Gouda	grob raspeln.
450 g Tomaten (Konserve)	klein schneiden. Tomaten, Paprika und Käse in Lagen auf den Kartoffeln verteilen, den Rest Kartoffeln zum Schluss obenauf legen.
250 ml Sahne	darübergießen.
50 g Butterflöckchen	und
50 g geriebener Gouda	zum Schluss über dem Auflauf verteilen. Im vorgeheizten Ofen bei 170 °C (Umluft) etwa 1 Stunde backen.

42

Der Kartoffelbauer

Melkhus in Sassendorf am Elberadweg

Kartoffelquiche mit Sauerkraut

600 g Kartoffeln (mehlig kochend)	mit Schale kochen, auskühlen lassen und pellen. Die eine Hälfte mit der Kartoffelpresse in eine Schüssel pressen und mit
Salz, Pfeffer, Muskat	würzen.
25 g weiche Butter oder Margarine	und
140 g Mehl	dazugeben und verkneten. Etwa 30 Minuten kühl stellen. Dann den Teig mit der Kuchenrolle passend etwa 1 cm dick ausrollen, eine Quicheform (Ø 26 cm) mit
10 g Margarine	ausfetten und mit dem Teig auslegen. Die Quiche auf der unteren Schiene des heißen Ofens bei 200 °C etwa 15 Minuten vorbacken.
200 g durchwachsener Speck	fein würfeln und in einer Pfanne knusprig ausbraten.
300 g Sauerkraut	ausdrücken und dazugeben, mit
1 TL Kümmel	
1 TL Salz, ½ TL Pfeffer	würzen und 3 Minuten schmoren. Dann abkühlen lassen und mit
250 g Schmand	sowie
1 Eigelb	vermengen. Die vorgebackene Quiche kurz abkühlen lassen, dann die Sauerkraut-Füllung darauf verteilen. Die andere Hälfte der Kartoffeln in Scheiben schneiden und dachziegelartig auf der Quiche verteilen. Mit
100 g geriebener Emmentaler	bestreuen. Dann 15 Minuten fertig backen.
1 Bund Schnittlauch	in Röllchen schneiden, die Quiche damit bestreuen und servieren.

43

Elbelandschaft aus der Vogelperspektive

Zwiebelkartoffeln

500 g Zwiebeln	schälen und in Ringe schneiden.
2 EL Butter	schmelzen, Zwiebeln darin glasig werden lassen und mit
400 g saure Sahne	auffüllen.
500 g Hackfleisch	nach Geschmack würzen, krümelig in die saure Sahne geben und in der sauren Sahne garen.
1 kg Kartoffeln	kochen, abkühlen lassen und pellen. Die Pellkartoffeln in dünne Scheiben schneiden, in die Zwiebel-Hacksauce geben, einmal leicht aufkochen lassen und mit
60 ml Brühe	abschmecken.

Zwiebelkartoffeln am Tag zuvor zubereiten.
Sie können kalt oder leicht erwärmt serviert werden.

44

Historisches Kartoffelpflanzen
mit Kindern

Kastanienblüte

Der seltsame (Wieder-)Fund

Von Gotlind Luckmann

1950 ereignete sich eine kleine Geschichte, die uns auf andere Weise zum Staunen brachte. Wer erinnert sich nicht an den »Ring des Polykrates«, der in dem gleichnamigen Gedicht von Schiller durch einen Fisch, welchen der Koch bereiten sollte, zu seinem Herrn zurückfindet. Auf eine ähnliche Weise kehrte auch der tapfere Zinnsoldat in dem Märchen von Hans Christian Andersen, nach seiner wilden Fahrt in einem Papierschiffchen, in die Kinderstube zurück, aus der er gekommen war.

Nun dürfte es einem Schlüssel, der seinem Bauern auf einem Thomasburger Acker verloren gegangen war, schwer gefallen sein, dort einen Fisch oder gar ein Papierschiff als Transportmittel aufzutreiben. Und doch fand der Schlüssel einen Weg zurück nachhause. Sein Besitzer dürfte nicht schlecht gestaunt haben, als er beim Aussortieren der folgenden Kartoffelernte den verloren geglaubten Schlüssel wiederfand. Eine der Knollen war mitten durch den Ring des Schlüssels hindurch gewachsen und hatte ihn so seinem Besitzer zurückgebracht. In der Zeitung fand sich dazu folgender kleiner Vers:

45

> Das ist wirklich »Ackersegen«
> Schlüssel, der schon lang gelegen
> tief im Schoß der braunen Scholle,
> wird durch die Kartoffelknolle
> wieder an den Tag gebracht.
> Und der Finder staunt und lacht:
> »Was bei uns in Niedersachsen
> bloß für Sonderlinge wachsen ...«

Stillleben mit Tulpen

Kartoffelsäckchen in Variationen

»Heidjer Art«

150 g kleine Kartoffeln (Drillinge)	sauber abschrubben und auf eine mit Alufolie ausgelegte Fettpfanne legen. Die Ecken der Folie 5 cm hoch falten.
½ Zwiebel	fein würfeln, auf den Kartoffeln verteilen.
50 g Pfifferlinge	fein schneiden, darübergeben.
50 g durchwachsener, geräucherter Speck	sehr fein würfeln, überstreuen. Etwas
Salz, Pfeffer	und
1 EL Öl	über die Kartoffeln geben, dann die Alufolie zusammenfalten und im vorgeheizten Backofen bei 180 °C etwa 45 Minuten garen.

Dazu kalten Schweinebraten oder Roastbeef in hauchdünnen Scheiben reichen.

»Mediterrane Art«

150 g kleine Kartoffeln (Drillinge)	sauber abschrubben und auf eine mit Alufolie ausgelegte Fettpfanne legen. Die Ecken der Folie 5 cm hoch falten.
5 schwarze Oliven ohne Kern	fein würfeln, auf den Kartoffeln verteilen.
3 Cocktailtomaten	fein schneiden, darübergeben.
1 Knoblauchzehe	sehr fein würfeln, ebenfalls darübergeben.
Salz, Pfeffer (bunt)	mit
1 EL Olivenöl	über die Kartoffeln geben, dann die Alufolie zusammenfalten und im vorgeheizten Backofen bei 180 °C etwa 45 Minuten garen.

Dazu passt italienische Salami in hauchdünnen Scheiben.

So schön kann ein Steinberg aussehen.

Überbackene Käsekartoffeln

750 g Kartoffeln	bissfest garen, pellen, und in ½ cm dicke Scheiben schneiden.
1 Knoblauchzehe	schälen, zerdrücken und mit
1 TL Salz, ½ TL Pfeffer	sowie
½ TL Muskat	unter die Kartoffeln mischen.
200 g Emmentaler	reiben und mit den Kartoffeln in eine feuerfeste Form schichten.
250 ml Milch	aufkochen und darübergießen.
1 EL Butter oder Margarine	in Flöckchen darauf verteilen. Bei 200 °C etwa 40 Minuten in den Backofen (untere Schiene) stellen.

Dazu grünen Salat servieren, als Getränk Bier oder Weißwein.

Kartoffeln – die leckere Knolle

47

Knoblauchkartoffeln

1,5 kg kleine Kartoffeln	waschen, garen und pellen.
450 g Salatmajonäse	mit
100 ml Mineralwasser	mischen.
3 Knoblauchzehen	zerdrücken und unterrühren.
1 Pck. 8-Kräuter (TK)	sowie
1 Pck. Schnittlauch (TK)	mit der Majonäse vermischen. Mit
1 TL Salz	und
½ TL weißer Pfeffer	abschmecken und die Majonäse über die Kartoffeln geben. 24 Stunden ziehen lassen.

Lässt sich gut für Grillfeste vorbereiten.

48

Herzhafter Kartoffelauflauf

1,2 kg Kartoffeln	in
1 l Salzwasser	gar kochen, pellen, erkalten lassen und in Scheiben schneiden.
300 g ungarische Salami	in dünne Scheiben schneiden (am besten mit einer Aufschnittmaschine).
5 hart gekochte Eier	in Scheiben schneiden. Kartoffel-, Wurst- und Eierscheiben in eine mit
10 g Butter oder Margarine	eingefettete Auflaufform im Wechsel mit
400 g Crème fraîche	einschichten. Die letzte Schicht sollte Crème fraîche sein. Den Backofen auf 175 °C vorheizen und den Auflauf zugedeckt 40 Minuten in den Backofen stellen.

Dazu schmeckt ein säuerlicher Salat.

Gartenhaus zum Entspannen

Speck-Kartoffelsalat

1,25 kg Kartoffeln (festkochend)	in
1,5 l Wasser	kochen, pellen und abkühlen lassen.
100 g durchwachsener Speck	fein würfeln und in
3 EL Öl	ausbraten.
1 mittelgroße Zwiebel	schälen, würfeln, zum Speck geben und andünsten. Mit
250 ml Rinderbrühe	und
7 EL Weißwein-Essig	ablöschen, aufkochen. Kräftig mit
Salz, Pfeffer	würzen. Die kalten Kartoffeln in gleichmäßig dicke Scheiben schneiden und in eine Schüssel geben, die heiße Marinade darübergießen und mit einem Teigschaber vorsichtig mischen und zugedeckt mindestens 2 Stunden ziehen lassen.
1 Bund Schnittlauch	in Röllchen schneiden, unter den Salat mischen und mit
Salz, Pfeffer, Zucker	abschmecken.

49

Der Kartoffelsalat passt gut zu Wiener Würstchen, Frikadellen, Schnitzel oder auch zum Grillteller.

Schubkarre – ein Hingucker im Garten

Heideland – Kartoffelland

Von Ursula Hartmann

Auf den Bauerhöfen der Lüneburger Heide werden nicht nur Kartoffeln angebaut, sondern es befindet sich in dieser Region die Kartoffel-Neuzucht und -Nachzucht, die Kartoffel-Vermehrung, die Lagerung auf den landwirtschaftlichen Betrieben und in Großlagern, die professionelle Vermarktung und die Kartoffelverarbeitung. Es handelt sich dabei um die Kartoffelveredlung der Lebensmittelbranche und der Industrie.

50

Es trifft zu, dass es sich bei der Heide-Region um ein interessantes und spannendes Kartoffel-Cluster handelt. Von hier aus geht die Kartoffel um die halbe Welt, sei es als Saatkartoffel, Speisekartoffel oder als Kartoffelstärke aus der Industrie-Kartoffel. In Deutschland ist die Lüneburger Heide anhand der Fläche das bedeutendste Kartoffelanbaugebiet überhaupt. Woran mag das wohl lie-

Auch das ist eine Kartoffelblüte.

gen? Der Ackerboden liefert die besten Eigenschaften dafür. Zum Anwachsen und Gedeihen mag die Kartoffel einen leichten, lockeren, sandigen Boden. Er nimmt die Wärme gut auf, die für einen guten Aufwuchs sorgt. Wasser zum Gedeihen braucht sie reichlich, aber Staunässe verträg sie einfach nicht. Vom Unkraut muss man sie frei halten und natürlich auch von Schädlingen. Bis zur Ernte der Kartoffel ist die Be-

Die typische Kartoffelblüte

standspflege sehr aufwändig, sie fordert vom Landwirt viel Wissen, ein gutes Händchen, Geduld und recht viel Erfahrung.

Liegen dann die Kartoffelreihen aufgerodet auf dem Acker, dankt sie es mit ihrer goldgelben Farbe. Jetzt muss es schnell gehen und ab ins Lager, denn einen Regenschauer mag sie nicht. Erst wenn die letzte Kartoffel geerntet ist, wird es auf den Heidehöfen wieder ruhiger, dann ist die Versorgung bis zur nächsten Ernte gesichert.

Die Kartoffel ist ein sehr gesundes und beliebtes Nahrungsmittel, sie ist ein Kraftpaket. Der Mensch könnte in Verbindung mit Milch, Ei, Quark und Butter davon leben. Man kann sie kochen, backen oder braten, aber auch pürieren, frittieren, rösten, grillen und noch vieles mehr, selbst für die Mikrowelle ist sie geeignet. Die Kartoffel ist und bleibt eine »tolle Knolle«.

Blühende Kartoffeln, so weit das Auge reicht

51

Kartoffelsuppe

800 g Kartoffeln	schälen, in Scheiben schneiden, in einem Topf mit
1 l Wasser	aufsetzen.
1 Stange Porree	sowie
1 Möhre	
½ Sellerieknolle	
2 kleine Zwiebeln	halbieren und dazugeben.
6 bis 8 schwarze Pfefferkörner	und
1 Prise Salz	hinzufügen, weich kochen. Das Gemüse entfernen und die Kartoffeln mit dem Pürierstab pürieren. Mit
20 g Butter	sowie
½ TL Salz, ¼ TL weißer Pfeffer	würzen.
½ Bund Petersilie	fein hacken und über die Suppe streuen.

52

Kartoffelernte im Garten

Kartoffel-Fisch-Salat

5 Kartoffeln	sowie
3 Möhren	putzen und in
1 l Wasser	gar kochen. Kartoffeln in Würfel schneiden und Möhren fein reiben.
7 Eier	etwa 7 bis 9 Minuten hart kochen, abschrecken und pellen. Eiweiß vom Eigelb trennen und beides klein reiben.
1 Zwiebel	in Würfel schneiden.
1 Räucherfisch (z.B. Makrele)	in kleine Stücke zupfen.
Salz	und
250 g leichte Salatmajonäse	bereitstellen. Die Zutaten wie folgt in eine Schüssel schichten: Kartoffeln, Salz, Majonäse, Fisch, Eiweiß, Möhren, Salz, Majonäse, Kartoffeln, Salz und abschließend Majonäse. Zum Schluss das Eigelb gleichmäßig wie eine Decke über dem Salat verteilen.

53

Rosmarinkartoffeln

1 kg Kartoffeln	bissfest garen, schälen, in Spalten schneiden und in eine Schüssel geben, mit
4 EL Olivenöl	mischen.
Salz	und
Rosmarin (nach Geschmack)	darüberstreuen und alles durchmischen. Die Kartoffelmasse in die Fettpfanne vom Backofen geben und bei 160 °C (Heißluft) etwa 30 Minuten backen.

Herbstfärbung

Gekochte Eier mit grüner Sauce

300 g frische Kräuter	waschen und klein hacken.
2 große Zwiebeln	in Würfel schneiden.
2 EL Essig	mit
2 EL Öl	
200 g Schmand	und
500 g Magerquark	vermengen. Die Zwiebelwürfel und die Kräuter dazugeben und mit
1 TL Salz, ½ TL Pfeffer	abschmecken.
6 Eier	hart kochen, abschrecken, pellen und halbieren. Die grüne Sauce in einer Schüssel anrichten und die halbierten Eier darauflegen.

Verwenden Sie zum Beispiel Petersilie, Schnittlauch, Kerbel, Sauerampfer, Dill, Kresse, Estragon und Liebstöckel.

54

Hofstelle Twesten Kirchgellersen

Hagebutten

Gebackene Möhren

500 ml Gemüsebrühe	mit
1 TL Zucker	und
20 g Butter oder Margarine	zum Kochen bringen.
8 Möhren mit Grün	putzen, im Stück belassen und dabei auch etwas Grün an den Möhren lassen. Die Möhren in der Brühe, bei milder Hitze, etwa 10 Minuten garen. Danach aus dem Sud nehmen. Den Sud bei starker Hitze auf 125 ml einkochen und abkühlen lassen. Jede Möhre in je 1 Scheibe von
8 dünne Scheiben gekochter Schinken (à 40 g)	wickeln. Dann jeweils in 1 Scheibe von
8 dünne Scheiben junger Gouda (à 40 g)	einwickeln. Mit der »Naht« nach unten in eine Auflaufform legen und den eingekochten Sud über die Möhren gießen. Die Möhren im vorgeheizten Ofen bei 180 °C (Umluft) etwa 10 bis 15 Minuten überbacken.

55

Zu diesem Gericht passen Salzkartoffeln oder Knoblauchkartoffeln (Rezept S. 48).

Klosterplatz in Kirchgellersen

Sonnenhutbeet

Gefüllter Kohlkopf

Aus einem handgeschriebenen Kochbuch von Anni Duwe aus dem Jahre 1945

3 mittelgroße Zwiebeln	klein schneiden und mit
500 g gemischtes Hackfleisch	
1 Ei	sowie
Pfeffer, Salz	mischen und durchkneten.
1 mittelgroßer Kohlkopf	mit kochendem Wasser übergießen, damit der Kohl etwas weicher wird. Ein Tuch in eine Schale legen, vom Kohlkopf einzelne Blätter nehmen und mit dem Hack abwechselnd in der Schale wie eine Torte einschichten. Darauf das Tuch fest zusammenbinden und in einen Topf mit
1,5 l kochendes Salzwasser	geben. So lange bei gleichmäßiger Hitze kochen, bis der Kohl gar ist.

56

Dazu schmecken Salzkartoffeln und helle Mehlschwitze.

Schiffshebewerk bei Nacht in Scharnebeck

Grüne Sauce

2 Eier	hart kochen, pellen, klein schneiden.
1 Zwiebel	und
100 g Gewürzgurken	klein würfeln und mit den Eiern vermengen.
200 g Quark	mit
150 g Schmand	und
150 g Majonäse	verrühren.
500 g frische Kräuter	klein hacken und unterrühren. Mit
Salz, weißer Pfeffer	sowie
Worcestersauce	abschmecken.

Verwenden Sie Petersilie, Dill, Schnittlauch, Estragon, Kresse, Borretsch, Pimpinelle, Sauerampfer, Kerbel und Liebstöckel. Dazu reicht man frische Pellkartoffeln.

57

Der alte Brunnen in Scharnebeck

Grünkohl mit Bregenwurst

1 kg geputzter Grünkohl	verlesen, von den Blattrispen zupfen, etwas zerkleinern und gründlich waschen, tropfnass in einen großen Topf geben. Bei mittlerer Hitze etwas andünsten lassen, bis der Kohl zusammengefallen ist. Den Kohl abgießen und die Brühe auffangen.
2 Zwiebeln	würfeln und in
2 EL Butterschmalz	bräunen. Die heiße Grünkohlbrühe einrühren und
Senf (nach Geschmack)	dazugeben. Mit
Salz, Pfeffer, Zucker	abschmecken. Den abgetropften Kohl und
100 g durchwachsener Speck (im Stück)	dazugeben und alles etwa 45 Minuten garen.
1,2 kg kleine Kartoffeln	als Beilage in Salzwasser kochen, abgießen und pellen.
2 EL Butterschmalz	in einer großen Pfanne erhitzen, die Kartoffeln hineingeben, mit
Salz, Zucker	würzen und unter Wenden etwa 15 Minuten knusprig braten.
4 Bregenwürste oder Kohlwürste	entweder direkt auf dem Grünkohl oder in einem extra Topf mit nicht mehr kochendem Wasser erhitzen.

Man kann auch Kasselerkotelett im Grünkohl mitkochen. Dazu etwa 600 bis 750 g Kasselerkotelett mit Knochen nach dem Andünsten auf den Kohl legen, vor dem Servieren löst man das Fleisch vom Knochen und schneidet es in Scheiben. Den Speck bei dieser Variante weglassen, sonst wird der Kohl zu würzig. Zum Gericht wird noch Senf gereicht.

Landschaft in Gellersen

Selleriepüree

1 Sellerie	sauber bürsten, schälen und würfeln.
3 Schalotten	schälen und in 2 cm große Würfel schneiden. Im Topf
80 g Butter	schmelzen und die Gemüsewürfel anschwitzen. Mit
300 ml Weißwein	ablöschen und mit
300 ml Hühnerbrühe	auffüllen. Die Flüssigkeit zur Hälfte einkochen lassen. Zum Schluss
300 ml Sahne	beigeben und pürieren. Mit
1 TL Salz, ½ TL weißer Pfeffer	abschmecken und mit
150 g Crème fraîche	verfeinern.

Servieren Sie das Püree zu pochiertem Rinderfilet (Rezept S. 86) mit Rotweinschalotten (Rezept S. 65).

59

Wassermühle Neetze

Überbackene Bohnen mit Schinken

600 g grüne Bohnen	in
1 l Wasser	gar kochen und abgießen.
50 g durchwachsener, geräucherter Speck	und
1 Zwiebel	
1 Knoblauchzehe	sowie
150 g geräucherter Schinken	würfeln und in einer Pfanne mit
1 EL Öl	anbraten. Die gekochten Bohnen dazugeben und durchschwenken.
1 Bund Petersilie	hacken und darauf verteilen. Eine feuerfeste Form mit
10 g Margarine	einfetten, Bohnen und Speck einfüllen.
3 Eier	
200 g Schmand	
Salz, Pfeffer	
½ TL Paprika (edelsüß)	mit
100 g Parmesan	verquirlen und auf die Masse geben. Bei 200 °C (Ober- und Unterhitze) 20 Minuten backen lassen.

60

Impressionen von der Landesgartenschau in Winsen/Luhe

Pferde auf der Weide

Hansestadt Lüneburg

Die Salzproduktion in der Saline Lüneburg brachte die Stadt in Verbindung mit Lübeck, dem Haupt der Hanse und bald wichtigstem Ausfuhrhafen für das Lüneburger Salz. Im 13. Jahrhundert gehörte Lüneburg der Sächsischen und später der Wendischen Städtegruppe an. Damit kam der Stadt eine bedeutende Funktion in der Vermittlung zwischen beiden Quartieren zu. Dass Lüneburg tatsächlich Vollmitglied der »Städtehanse« war, davon zeugt die Mitfinanzierung eines Feldzuges gegen Dänemark und die Teilnahme am Hansetag in Lübeck 1363.

Zwischen 1363 und 1530 hatte Lüneburg zahlreiche Vertreter zu Hansetagen und hansischen Tagfahrten gesandt, selbst Hansetage ausgerichtet und weitere Mitglieder des Städtebundes militärisch unterstützt. Bis ins 17. Jahrhundert blieb Lüneburg der Hanse verbunden, ihre wirtschaftliche Blüte hatte die Stadt mit dem Verlust des Salzmonopols jedoch schon hinter sich gelassen.

Noch heute zeugt Lüneburgs Stadtbild vom einstigen Reichtum und dem intensiven Handel des Städtebundes. Prächtige Giebelhäuser, der Alte Hafen mit dem berühmten Kran und dem historischen Kaufhaus und nicht zuletzt die Saline, in der heute das deutsche Salzmuseum untergebracht ist, berichten von der Vergangenheit der Stadt.

Quelle: Hansestadt Lüneburg

Am Stint in Lüneburg

Rathaus Lüneburg

Kartoffel-Schnibbelbohnen

1 kg Kartoffeln	in
1 l Salzwasser	garen und grob stampfen.
500 g grüne Bohnen	schnibbeln und in
1 l Salzwasser	garen.
150 g fetter Speck	würfeln und mit
1 EL Butter	in der Pfanne auslassen.
4 Zwiebeln	klein schneiden und zum heißen Speck in die Pfanne geben. Stampfkartoffeln, Schnibbelbohnen und das Speck-Zwiebelgemisch vermengen und mit
1 TL Salz	sowie etwas
Pfeffer	würzen.

Wenn das Gericht zu fest sein sollte, mit etwas Brühe oder auch Milch verdünnen. Reichen Sie dazu Hering, Rollmops oder Spiegelei.

Frühlingslandschaft bei Brackede

Linsen in Senfrahm

200 g Möhren	und
200 g Sellerie	putzen, schälen, waschen und fein würfeln.
50 g Butter	in einem Topf schmelzen, Gemüse und
150 g Linsen	darin andünsten.
150 ml Weißwein	und
450 ml Gemüsebrühe	zugeben. Zugedeckt bei mittlerer Hitze 30 bis 35 Minuten kochen.
½ Bund Dill	für die Sauce grob hacken und mit
150 g Crème fraîche	sowie
1 – 2 TL mittelscharfer Senf	
1 – 2 TL grober Senf	
1 EL Zitronensaft	verrühren. Mit
Salz, Pfeffer, Zucker	würzen.
150 g Porree	längs vierteln, waschen und in feine Ringe schneiden. Porree und Senfsauce unter die gegarten Linsen rühren, weitere 3 bis 4 Minuten einkochen. Nach Geschmack nochmals nachwürzen.

 63

Dazu passt sehr gut gebratenes Rotbarschfilet.

Elbvorland bei Brackede

Rosenkohlpüree

500 g Rosenkohl	putzen und in Salzwasser etwa 12 bis 15 Minuten garen. Dann kurz mit kaltem Wasser übergießen und abtropfen lassen.
300 ml Sahne	aufkochen, Rosenkohl hinzugeben und mit
1 TL Salz, ½ TL Pfeffer	sowie
1 Prise Muskat	würzen. Den Rosenkohl unter Rühren weich kochen. Dann mit dem Mixstab pürieren – jedoch nicht zu fein.
2 EL Sahne	schlagen und unterheben. Mit 2 Esslöffeln Nocken aus dem Püree abstechen und auf Tellern anrichten.

Passende Beilage zu Rehkeule und Salzkartoffeln.

64

Rote Bete à la Carpaccio

2 – 3 frische Rote Bete	schälen, in Salzwasser garen und dann in gleichmäßige Scheiben schneiden.
2 Eier	kochen, pellen und in Scheiben schneiden.
1 Mozzarella (125 g)	und
1 Zwiebel	ebenfalls in gleichmäßige Scheiben schneiden. Alle Zutaten auf einer Platte anrichten, darüber
1 EL Olivenöl	
schwarzer Pfeffer	
1 TL Salz	und etwas
Zitronensaft	geben.

Als Beilagen Apfelspalten und Salamischeiben mit Feldsalat anrichten.

Hortensien – die beliebtesten Pflanzen im Bauerngarten

Rotweinschalotten

100 g Zucker	in einen Topf geben und goldbraun schmelzen lassen.
50 g Butter	hinzufügen und einmal kurz durchrühren.
300 ml Rotwein	und
300 ml Portwein	dazugießen und den Zucker vollständig verkochen (es dürfen keine Klümpchen Zucker mehr zu sehen sein).
4 Lorbeerblätter	sowie
10 Wacholderbeeren	und
4 Nelken	in ein Tuch wickeln und mit dem Fleischklopfer zerkleinern. Das Gewürzsäckchen in den Topf geben und alles 10 Minuten köcheln lassen.
400 g Schalotten	schälen, längs halbieren, mit in den Topf geben und weich dünsten. Mit
2 EL Honig	sowie
100 ml Cassis (Johannisbeer-Likör)	
2 EL milder Balsamico-Essig	abschmecken und nochmals kurz aufkochen lassen. Danach 1 bis 2 Tage kühl stellen.

65

Passende Beilage zum pochierten Rinderfilet (Rezept S. 86) mit Selleriepüree (Rezept S. 59).

Bienenzaun in der Lüneburger Heide

Spargel mit zerlassener Butter und Spargelsuppe

Jedes Jahr im Mai erinnere ich mich an unsere Hochzeit. Schon der Standesamt-Tag war ein ganz besonderes Erlebnis für uns. Feierlich wurde die Trauung vollzogen und danach wartete gleich die erste Überraschung auf uns: Es waren sehr, sehr viele unserer Verwandten und Freunde zum Glückwünschen gekommen. Jung, naiv und voller Glück im Herzen, lud ich spontan alle zum gemeinsamen Mittagessen ein. Ehrlich gesagt, dachte ich, dass sowieso viele gleich wieder zur Arbeit müssten. Doch es kam, wie's kommen musste ... alle wollten mit uns essen. Tja, meine Oma hatte es ja schon immer gewusst: »Fünf sind geladen, zehn sind gekommen. Gieß Wasser zur Suppe, heiß' alle willkommen.«

Schnell, schnell schälte die frisch gebackene Schwiegermutter noch ein paar Kartoffeln, schnitt noch mehr Schinken zurecht, zerließ noch mehr Butter. Das Wetter war schön, die Stimmung ausgelassen, der Anlass ganz wundervoll – ich glaub' es fiel gar keinem auf, dass jeder nur drei Stangen Spargel bekam.

Fünf sind geladen – Zehn sind gekommen
Nimm Wasser zur Suppe – Heiß alle willkommen!

Wildgänse auf der Elbe

1 kg Spargel	schälen und die Spargelschalen in
1 l Wasser	mit
1 TL Salz, 1 TL Zucker	
10 g Butter	sowie
1 EL Zitronensaft	auskochen. Anschließend die Schalen herausnehmen und im heißen Wasser nun die Spargelstangen bissfest garen. Beim Abgießen das Spargelwasser auffangen.
500 g Kartoffeln	schälen und in
500 ml Wasser	mit
1 TL Salz	garen.
300 g Schinken	würfeln.
100 g Butter	in einer heißen Pfanne zerlassen. Diese über die Spargelstangen gießen und mit Schinken und Salzkartoffeln servieren.

Die Spargelsuppe

	Das Spargelwasser erneut aufkochen und mit
80 g Mehl	und
100 ml Sahne	andicken.

67

Paddelboot auf der Ilmenau

Rittersporn

Der Spargel und die Technik

Von Gotlind Luckmann

Der Spargel – sein lateinischer Name ist asparagus officinalis – gehört zur Familie der Liliengewächse und stammt aus dem Mittelmeergebiet und Vorderasien. Schon bei den Ägyptern, den Griechen und Römern wurde der Spargel als Heilpflanze und Delikatesse geschätzt. Hier in der Gemeinde Radenbeck wird im Kirchlagerbuch ein Spargelfeld bereits zwischen 1792 und 1797 erwähnt.

Es gibt in unserer modernen Zeit der Tiefkühlschränke und Globalisierung kaum noch ein Gemüse, das so an eine Jahreszeit gebunden zu sein scheint wie der Spargel. Was würden Sie aufzählen, wenn jemand Sie aufforderte alles zu nennen, was ihnen zu den edlen Stangen einfiele? Den wunderbaren Geschmack? Die passenden Beilagen? Die Saucenfrage, bei der die Meinungen immer etwas auseinander gehen? Die langen, beinahe architektonisch anmutenden Spargelreihen? ... Mancher Landwirt oder Spargelstecher würde wohl die harte Arbeit nicht unerwähnt lassen, die zu den wenigen Dingen gehört, die auch heute noch keine Maschinen übernehmen können. ... Und die eine oder andere Hausfrau hegt vielleicht keine allzu große Begeisterung für das unumgängliche Schälen.

Spargel mit Schinken – das klassische Gericht

In Bezug auf »Spargel und Technik«, möchte ich von einem Erlebnis berichten, welches ich vor einigen Jahren hatte: Es klingelte an unserer Haustür. Als ich öffnete standen dort zwei Damen, die mir ihren Namen nannten und sagten, dass wir kurz vorher miteinander telefoniert hätten. Ich sah sie einigermaßen überrascht an, da ich mich an kein Telefonat erinnern konnte. Als sie jedoch hinzufügten, sie wollten ihren Spargel abholen, wurde mir klar, dass sie nicht zu mir, sondern zu meinen Nachbarn wollten. Ich deutete also freundlich lächelnd schräg über die Straße und erklärte ihnen, dass sie ihren Spargel dort drüben bei Familie Stute bekommen würden.

Hatte ich erwartet, dass die Damen mit einem freundlichen »Danke!« auf den Lippen ihren Weg über die Straße antreten würden, so sollte ich jedoch eines Besseren belehrt werden. In resolutem Ton und mit einem Blick, der keinen Widerspruch duldete, wurde mir mitgeteilt, dass ihr Navigationsgerät ihnen aber diesen Standort hier angegeben habe. Es bedurfte noch einiger Beteuerungen meinerseits, bevor die Damen sich davon überzeugen ließen, dass ich ihnen ihren heiß ersehnten Spargel nicht vorenthalten wollte, sondern sie bei mir im wahrsten Sinne des Wortes nur an die falsche Adresse geraten waren ... Seit diesem Tag haben die Geschichten, dass Menschen ihrem Navigationsgerät folgend in Hafenbecken fahren, für mich deutlich an Glaubwürdigkeit gewonnen.

69

Die Spargeldämme sind abgedeckt, um die Ernte früher beginnen zu können und auch, damit die Dämme bei schlechtem Wetter nicht auskühlen. So bleibt die Ernte konstant.

Blaue Köpfe schaden nicht, sie machen den Spargel aromatischer.

Schnüsch

350 g Kohlrabi	sowie
350 g Möhren	schälen und in mundgerechte Stücke schneiden.
350 g kleine neue Kartoffeln	kräftig abbürsten oder die Schale mit einem Messerrücken abkratzen.
150 g Erbsen (frisch oder TK)	und die anderen Zutaten mit
1½ TL Salz	und
1 gestr. TL Zucker	in kochendem Wasser etwa 20 Minuten garen. Dann abgießen und mit
Petersilie (frisch gehackt)	bestreuen.
1 EL Butter	hinzufügen und das Gemüse darin schwenken.

*Schnelles Sommermittagessen, das auch Kinder gerne mögen.
Dazu dünn geschnittenen Räucherschinken servieren.*

*4-facher Nachwuchs im
Storchennest in Horburg*

Herzhafte Schmorgurken-Pfanne

1 große Zwiebel	schälen und fein würfeln.
2 EL Butterschmalz	in einer großen Pfanne erhitzen und darin
600 g gemischtes Hackfleisch	bei mittlerer Hitze krümelig braten. Dann die Zwiebel kurz mitbraten. Mit
Salz, Pfeffer	abschmecken und alles aus der Pfanne nehmen.
1 kg Schmorgurken	schälen. Die Enden der Gurken abschneiden, denn sie könnten bitter schmecken. Der Länge nach halbieren, mit einem Esslöffel die Kerne entfernen und die Gurke in Scheiben schneiden. Gurkenstücke bei mittlerer Hitze 3 Minuten im
Bratfett	andünsten.
400 ml Wasser	zugießen und
2 TL gekörnte Brühe	dazugeben. Aufkochen und 10 Minuten köcheln lassen, bis die Gurkenstückchen weich sind. Inzwischen
1 Bund Dill	waschen, trocken schütteln und fein schneiden. Mit
200 g Schmand	
2 EL Tomatenmark	und
2 EL körniger Senf	unter die Gurken rühren und kurz aufkochen. Wenn gewünscht, mit
2 TL Stärkemehl	andicken. Zuletzt das Hackfleisch hinzugeben und 3 Minuten erhitzen. Mit
Salz, Pfeffer, 1 Prise Zucker	abschmecken.

71

> *Am besten schmeckt das Gericht mit selbst gemachten Stampfkartoffeln (Rezept S. 40).*

Vor der St. Johanniskirche in Dahlenburg

Fruchtiger Rotkohl

1 Zwiebel	hacken und in
50 g Gänseschmalz	anschwitzen.
750 g Rotkohl	klein schneiden und zu den Zwiebeln geben, gut mit anschwitzen. Mit
10 ml Rotwein	ablöschen.
200 ml Orangensaft	sowie
5 EL Balsamico-Creme	
10 ml Rotweinessig	
5 Nelken	
8 Wacholderbeeren	
6 Pimentkörner	
3 Lorbeerblätter	und
4 EL Preiselbeergelee	dazugeben und im geschlossenen Topf etwa 1 Stunde schmoren lassen, bis der Rotkohl die gewünschte Bissfestigkeit erreicht hat.

> *Passt besonders gut zu Ente und Gans.*

72

Die Kirche in Echem ist zum Erntedank reich geschmückt.

Muskat-Rosenkohl

500 g Rosenkohl	putzen, die Strünke kreuzförmig einschneiden, mit
250 ml Wasser	aufkochen. Mit
Salz	würzen und etwa 15 Minuten bei milder Hitze zugedeckt garen. Den fertigen Rosenkohl abgießen und abtropfen lassen.
2 EL Butter	zum Rosenkohl geben und mit
Salz, Pfeffer aus der Mühle	sowie
Muskatnuss (frisch gerieben)	abschmecken.

Porree und Möhren in Schnittlauchsahne

1 EL Butter	in der Pfanne erhitzen.
500 g Porree	in Ringe schneiden.
500 g Möhren	schälen und in Stifte schneiden, beides im heißen Fett andünsten.
1 TL gemahlener Koriander	darüberstreuen.
200 ml Sahne	hinzufügen und 7 Minuten garen, mit
1 TL Salz, ½ TL weißer Pfeffer	
Cayennepfeffer (nach Geschmack)	würzen und abschmecken.
200 g Zucchini	raspeln und daruntermischen.
2 Bund Schnittlauch	in Röllchen schneiden und das Gemüse damit bestreuen.

73

Dazu passen Salzkartoffeln und alle kurz gebratenen Fleischsorten wie Schnitzel, Bratwurst, Frikadellen etc.

LandFrauen binden eine Erntekrone.

Die Kirche Peter und Paul zu Lüdersburg

Von Pastor Dr. Kück

Wann die erste Kirche in Lüdersburg errichtet wurde, ist heute schwer zu sagen. Im 15. Jahrhundert wurden in der Spätgotik Langhaus und Chor erbaut, davon ist heute kaum noch etwas erkennbar. Auch eine alte gesprungene Glocke mit dem Relief »Maria mit dem Kind« weist auf diese frühe Zeit hin.

Die jetzige Kirche ist wohl in der Amtszeit von Pastor Friedrich Küster gebaut worden in den Jahren 1680 bis 1694. Der alte hölzerne Glockenturm wurde 1873 abgerissen. Der neue Turm steht höher als das Kirchenschiff, außen erkennt man es an den anderen Mauersteinen, dass er später angebaut wurde. Die Kirche fällt durch ihre besondere barocke Innengestaltung auf. Die Kanzel, der Altar, die Schranke, die Patronen Petrus mit dem Schlüssel und Paulus mit dem Schwert und das Patronatsgestühl – alles stammt aus der Zeit um 1700. Das Patronatsgestühl, die so genannte Prieche, weist noch heute auf eine rechtliche Sonderstellung der Kirche hin.

74

Die Adelsfamilie von Lüdersburg hatte das Patronatsrecht an der Kirche. Seit 1328 war es die Familie von Wittorf und seit 1775 war es die Familie von Spoercken. Die Patrone mussten darauf achten, dass die Kirche und das Kirchenland in Stand gehalten und dass eine Schule unterhalten wurde. Sie bestimmten auch, wer als Pastor an der Kirche eingeführt wurde. Mit der Gründung der heutigen Kirchengemeinde Hittbergen-Echem-Lüdersburg 1978 endeten das Patronat und die selbstständige Kirchengemeinde Lüdersburg.

Altarraum der Lüdersburger Kirche

Schneemannsnasen-Möhrengratin

1 kg Möhren	putzen und der Länge nach in Viertel schneiden.
1 EL Butter	in einem Topf erhitzen, die Möhren dazugeben, mit
½ TL Zucker	bestreuen und etwa 3 Minuten andünsten. Mit
Salz, Pfeffer	abschmecken.
4 EL Weißwein	sowie
50 ml Sahne	dazugeben und weitere 6 Minuten köcheln.
250 g frische Champignons	putzen, in Scheiben schneiden.
1 Bund glatte Petersilie	waschen und trocken tupfen, einige Zweige als Dekoration zur Seite legen, den Rest fein hacken. Möhren, Pilze und Petersilie in eine flache Auflaufform schichten.
150 g Schnittkäse	würfeln oder raspeln und darüber verteilen.
50 ml Sahne	darübergießen. Bei 170 °C Heißluft etwa 6 Minuten überbacken und mit Petersilienzweigen garniert servieren.

75

Dazu schmeckt knuspriges Baguette.

Kirche Lüdersburg von außen

Dill-Hähnchen

1,5 kg Hähnchenbrust	in Stücke schneiden, anbraten und in eine Auflaufform geben.
2 Salatgurken	in Stücke schneiden, dazugeben.
2 Bund Dill	klein schneiden, mit
200 g Crème fraîche	sowie
200 ml Sahne	
2 EL Senf	
1 TL Salz, ½ TL Pfeffer	und
1 Prise Zucker	verrühren, in die Auflaufform geben. Zugedeckt bei 160 °C etwa 1 Stunde im Backofen garen.

Dazu Reis oder Baguettebrot servieren.

Hähnchenbrust in Orangen-Senf-Sauce

500 g Hähnchenbrust	mit
Salz, Pfeffer, Paprika	würzen und in
10 ml Öl	je Seite etwa 4 Minuten anbraten. Dann aus der Pfanne nehmen, zum Nachgaren in Alu-Folie wickeln und bei 100 °C im Backofen warm stellen.
2 EL Senf	in die Pfanne zum Bratensatz einrühren, mit
200 g Crème fraîche	
125 ml Orangensaft	sowie
2 EL Speisestärke	verrühren und aufkochen lassen.
2 Orangen	schälen, die Innenhaut entfernen und einzelne Filets aus den Trennhäuten schneiden. Die Orangenfilets in der Sauce heiß werden lassen. Das Fleisch in Scheiben schneiden und mit der Sauce servieren.

Glückliche Hühner

Entenbrust mit Pfirsichen

425 g Pfirsichhälften (Konserve)	abtropfen lassen und in Spalten schneiden. Mit etwa
125 ml Pfirsichsaft	
3 EL Sojasauce	sowie
1 EL Limettensaft	
250 ml Geflügelfond	und
½ TL Cayennepfeffer (nach Geschmack)	verrühren.
900 g Entenbrust	Die Haut einritzen und mit
Salz, Pfeffer aus der Mühle	würzen und auf der Hautseite anbraten. Nach 5 Minuten wenden und 10 Minuten weiterbraten, dann warm stellen. Den Bratsatz mit dem angerührten Saft/Fond lösen und 5 Minuten einkochen lassen. Dann die Pfirsiche dazugeben und mit
Salz, Pfeffer	abschmecken.
1 Topf Koriandergrün	klein schneiden und das Fleisch mit Sauce und Koriandergrün anrichten.

> *Dazu passt Reis.*

77

Der zukünftige Martinsbraten

Gefüllte Putenröllchen

8 Putenschnitzel	mit
Salz, Pfeffer	würzen.
4 Scheiben Gouda	halbieren und je eine halbe Scheibe auf ein Schnitzel legen. Nun aufrollen und mit Rouladennadeln oder mit Zahnstochern befestigen.
500 g Champignons	säubern, in Scheiben schneiden und in
20 g Butter	anbraten.
500 g Zwiebeln	abpellen, klein schneiden und separat in
10 g Margarine	anbraten. Dann mit den Champignons vermengen und mit
2 EL Weißwein	ablöschen.
400 ml Sahne	sowie
200 ml Wasser	hinzufügen und mit
Salz, Pfeffer	abschmecken. Die Putenröllchen mit der Sauce in eine Auflaufform geben und bei 180 °C etwa 1 Stunde in den Ofen stellen.

Die Burgkapelle Dahlenburg

Von Christel Andres

Das imposanteste Gebäude in Dahlenburg ist wohl die St. Laurentius-Burgkapelle aus dem 13. Jahrhundert. Sie beherbergt seit 1928 das Dahlenburger Museum mit einer Nachstellung der Göhrdeschlacht, die im Jahr 1813 stattfand. Auf einem Freigelände bei Lüben wird die Schlacht alle zwei Jahre in traditionellen Uniformen nachgestellt. Die Legende um das norddeutsche Heldenmädchen Eleonore Prochaska, das in der Göhrdeschlacht fiel, wurde 2011 zum ersten Mal in der romantischen Kulisse der Burgkapelle als Open Air-Bühnenstück aufgeführt und war bis weit über die Grenzen Dahlenburgs ein voller Erfolg.

Christel Andres vor dem ältesten Haus in Dahlenburg

Hähnchenbrust auf mediterrane Art

4 Hähnchenbrüste ohne Haut	mit
Salz, Pfeffer (frisch gemahlen)	würzen. In
4 EL Olivenöl	anbraten und aus der Pfanne nehmen.
1 Zwiebel	schälen und würfeln.
3 Knoblauchzehen	schälen und durchpressen, im Bratfett anschwitzen lassen.
6 feste, reife Tomaten	überbrühen, häuten und entkernen, dann würfeln und hinzufügen. Etwa 10 Minuten garen lassen, bis die Tomaten zerfallen.
500 ml Weißwein (trocken)	angießen und mit
1 EL Rosmarin (fein gehackt)	sowie
1 EL Thymian (fein gehackt)	würzen.
100 g schwarze Oliven (ohne Stein)	halbieren, unter die Sauce rühren und 10 Minuten köcheln lassen. Das Fleisch in die Tomatensauce geben und weitere 30 Minuten bei niedriger Hitze garen lassen.

79

Dazu Reis oder Reisrisotto servieren. Wenn die Sauce fertig ist, kann man auch die Hähnchenbrust in eine feuerfeste Form geben und die Tomatensauce darüber verteilen. Dann noch 30 Minuten im vorgeheizten Backofen garen.

St. Laurentius Burgkapelle, Museumsfest

Hähnchenbruststreifen mit Paprika und Zucchini auf Tagliatelle

400 g Hähnchenbrustfilet	in Streifen schneiden, in
1 EL Olivenöl	anbraten und mit
Salz, Pfeffer, Chili	würzen. Das Fleisch aus der Pfanne nehmen.
1 rote, 1 gelbe Paprikaschote	und
1 Zwiebel	
1 Zucchini	in kleine Würfel schneiden.
1 Knoblauchzehe	fein hacken. Alles zusammen in der Pfanne anbraten, ebenfalls mit
Salz, Pfeffer, Chili	würzen.
50 g Tomatenmark	und
500 g gewürfelte Tomaten (Konserve)	hinzugeben, das Gemüse noch etwa 15 Minuten leicht köcheln lassen. Das Hähnchenfleisch dazugeben und alles vermengen.
500 g frische Tagliatelle	nach Packungsanweisung kochen. Die Tagliatelle auf einem Teller anrichten, das Pfannengericht hinzugeben und alles mit
1 Bund frisches Basilikum (gehackt)	garnieren.

Gutskapelle zu Barnstedt

Hähnchen-Reis-Pfanne

250 g Reis	in
1 l Wasser	mit
1 TL Salz	gar kochen.
4 Hühnerbrustfilets	in grobe Stücke schneiden.
2 EL Öl	in einer Pfanne erhitzen, die Hähnchenstücke darin anbraten.
1 Knoblauchzehe	schälen, dazupressen. Das Fleisch mit
Salz, Pfeffer aus der Mühle	und
½ TL Paprika	würzen. Dann aus der Pfanne nehmen und warm stellen.
1 Zwiebel	fein würfeln.
3 Paprikaschoten (bunt)	halbieren, waschen und in Streifen schneiden.
1 Fleischtomate	überbrühen, häuten, entkernen und würfeln.
2 EL Butter	in der Pfanne schmelzen. Zwiebeln und Paprikastreifen darin anbraten. Den Reis und die Tomatenwürfel zufügen. Die Brustfilets darauflegen und bei milder Hitze 10 Minuten garen.

81

Gutskapelle in Heiligenthal

Hähnchenschnitzel mit Currysauce

40 g Butter oder Margarine	zerlassen und mit
30 g Mehl	sowie
15 g Curry	anschwitzen (nicht zu dunkel). Mit
500 ml Milch	sowie
15 g gekörnte Brühe	auffüllen und aufkochen lassen.
750 g Hähnchenschnitzel	anbraten und mit
Salz, Pfeffer, Thymian	würzen, in eine Auflaufform schichten. Die Currysauce darübergießen.
400 g Pfirsichhälften (Konserve)	mit
Preiselbeeren (aus dem Glas)	füllen und auf die Sauce geben. Etwa 20 bis 30 Minuten bei 180 °C im Backofen garen.

82

Kräuter-Putenbraten

1 kg Putenbrust	mit
Olivenöl	einreiben und mit
Salz, Pfeffer aus der Mühle	würzen. Im vorgeheizten Backofen bei 180 °C Umluft etwa 35 Minuten braten.
2 EL Thymian	sowie
1 Bund Petersilie	klein hacken und mit
2 EL Semmelbrösel	sowie
1 EL Olivenöl	mischen. Die Masse auf den Braten streichen und 15 Minuten weiter garen.

Dazu passen Kartoffelspalten mit Koriander, die man schon gleich mitbacken kann, und ein grüner Salat.

Kräutertafel am Kräuterbeet der Echemer LandFrauen auf dem Gelände der LBZ Echem

Schnitzelröllchen »griechische Art«

150 g Schafskäse	mit
200 g Frischkäse	sowie
5 EL Milch	cremig rühren und mit
1 EL Oregano (getrocknet)	
1 EL Rosmarin (getrocknet)	sowie
1 EL Thymian (getrocknet)	würzen.
5 schwarze oder grüne Oliven (ohne Stein)	klein hacken und hinzufügen.
4 Putenschnitzel	flach klopfen, mit
Pfeffer, wenig Salz	würzen. Mit der Hälfte der vorbereiteten Creme bestreichen, aufrollen und in
1 EL Olivenöl	anbraten.
350 ml Gemüsebrühe	angießen.
2 Knoblauchzehen	zerdrücken und dazugeben. Etwa 15 Minuten köcheln lassen. Dann den Rest der Creme unterrühren.
250 g Reisnudeln (Asianudeln)	nach Packungsanweisung kochen.
1 kg Bohnen	putzen, garen, anschließend mit den Nudeln vermengen und mit
Bohnenkraut	abschmecken. Mit den Schnitzelröllchen servieren.

83

Schafherde bei Embsen

Launen der Natur

Von Gotlind Luckmann

Blättern wir ein bisschen in der Geschichte Thomasburgs zurück, so sind es neben Kriegsauswirkungen, Bautätigkeiten, Personalwechseln, Bränden, Tragödien oder Ähnlichem oft die Launen der Natur, die ihren Weg in die Chroniken und später in die Tageszeitungen fanden.

Missernten, die allzu oft das Leben der Landbevölkerung bedrohten, aber auch außergewöhnlich gute Erträge. So findet sich zum Beispiel ein Vermerk, dass 1846 »... die Bienen so viel schwärmten, dass ein Imker von drei alten Stöcken 30 gut gefüllte Stöcke setzte, auch die Honigernte war außerordentlich.« Später waren es oft die kuriosen Dinge, die die Aufmerksamkeit erregten. So wurde im Januar 1966 in Wiecheln bei Thomasburg ein 125 Gramm schweres Hühnerei gefunden, was etwa zwei normalen Eiern entspricht. Das Ei wies nur einen Dotter auf, war also nicht als Zwillingsei gedacht. Die Zeitung vermerkte hierzu: »Wenn die deutschen Hühner sich in dieser Weise den Bedürfnissen des Marktes anpassen, dann kann es der deutschen Landwirtschaft eigentlich nicht schlecht gehen.« Das Riesenhühnerei blieb jedoch eher einmalig, was wir vielleicht dankbar vermerken sollten. Müssten wir doch unzählige unserer Rezepte umschreiben, hätten sich die anderen Legehennen ein Beispiel daran genommen. Also liebes Federvieh, wenn ihr uns etwas Gutes tun wollt, legt doch lieber zwei normale an Stelle eines Rieseneis.

Im Juni 1992 gelangte hingegen ein außergewöhnlich gewachsener Spargel zu einiger Popularität. Statt gerade dem Licht entgegenzuschießen, hatte er es geschafft, sich dreimal um sich selbst zu drehen, bevor er seinen Kopf aus der Erde steckte. Er brachte das stolze Gewicht von fast 500 Gramm auf die Waage. Wie der Autor des Artikels in der Landeszeitung so treffend bemerkte: »... ausreichend für eine gute Mahlzeit. Nur mit dem Schälen dürfte die Finderin einige Schwierigkeiten gehabt haben.«

Festwagen zum Heideblütenfest

Friesenpfanne »Mamsellen-Art«

2 Zwiebeln	pellen, in feine Würfel schneiden und in
10 ml Öl	andünsten.
500 g Rinderhack	dazugeben und weiterbraten. Mit
½ TL Pfeffer, 1 TL Salz	sowie
Paprika (edelsüß)	abschmecken. In eine gefettete Auflaufform geben.
750 g Kartoffeln	waschen, in
1 l Wasser	garen und pellen, dann in Scheiben schneiden.
500 g Tomaten	ebenfalls in Scheiben schneiden. Tomaten- und Kartoffelscheiben schuppenförmig über das Hack in der Auflaufform legen.
Frische Kräuter (Thymian, Basilikum)	klein hacken und darüber verteilen.
1 Knoblauchzehe	pressen und mit
4 Eier	sowie
150 ml Sahne	verquirlen, über den Auflauf gießen.
100 g Gouda (gerieben)	sowie
50 g Paniermehl	vermischen. Obenauf geben und mit
50 g Butterflöckchen	belegen. Im Backofen bei 175 °C etwa 40 Minuten backen.

Amelinghausener LandFrauen beim Heideschneiden für den Festwagen

Pochiertes Rinderfilet

750 ml Rotwein	und
500 ml Hühnerbrühe	in einen Topf geben.
1 Knoblauchzehe	quer halbieren, in die Flüssigkeit geben.
2 EL Basilikum-Pesto	sowie
1 Bund Rosmarin	
1 Bund Thymian	hinzufügen und kräftig aufkochen lassen.
900 g Rinderfilet	in 4 gleichgroße Stücke schneiden (es sollte überall ungefähr 2,5 cm hoch sein), mit
Salz, Pfeffer	würzen. Das Fleisch in den heißen, nicht mehr kochenden Rotweinfond legen und 8 Minuten bei mittlerer Hitze ziehen lassen. Die Filets aus dem Fond nehmen und quer aufschneiden, mit
Salz, Pfeffer aus der Mühle	bestreuen.

86

> *Wer sein Fleisch nicht »medium«, sondern »durch« haben möchte, verlängert die Garzeit im Fond entsprechend. Als Beilage zum Fleisch passen sehr gut das Selleriepüree (Rezept S. 59) und die Rotweinschalotten (Rezept S. 65).*

Verdiente Pause bei der Ernte

Herrentorte

375 g Mehl	mit
200 g Butter	
1 Ei	und etwas
Salz	zu einem Mürbeteig verarbeiten und 30 Minuten kühl stellen. Eine Springform (Ø 24 cm) damit auslegen und mit
2 EL Paniermehl	bestreuen. Für den Hackteig
2 Scheiben Toastbrot	in etwas Wasser einweichen und ausdrücken. Mit
1 Zwiebel (klein gehackt)	sowie
1 Paprika (fein gewürfelt)	
2 Eier	
2 TL Senf	
1 TL Salz, 1 TL Pfeffer	
½ TL Paprika (edelsüß)	
1 EL Kräuter der Provence	und
800 g Rinderhack	zu einem Hackteig verkneten. Die Hälfte des Hackteiges in die Springform geben.
200 g gefüllte Oliven (mit Paprika)	klein schneiden und auf dem Hackteig verteilen. Für die Frischkäsemasse
2 Knoblauchzehen	durch die Knoblauchpresse drücken und mit
400 g Doppelrahmfrischkäse	
3 Eigelb	sowie
100 g geriebener Gouda	glattrühren. Die Frischkäsemasse auf die Oliven streichen, restliches Hackfleisch auf der Käsemasse verteilen und andrücken. Etwa 1 Stunde bei 200 °C backen. Zum Schluss 10 Minuten im ausgeschalteten Ofen ruhen lassen.

87

Getreideernte anno dazumal

Rindfleisch-Zwiebel-Topf

750 g kleine Zwiebeln (Perlzwiebeln)	putzen, im Stück lassen (nur halbieren, wenn sie zu groß sind) und abwechselnd mit
1 kg Rindergulasch	in einen Bräter schichten. Jede Schicht mit
Salz, Pfeffer	würzen. Nach der zweiten Schicht
450 g Tomatenmark	hinzugeben. Dann den Rest Fleisch und Zwiebeln einschichten. Zum Schluss mit
500 ml Rotwein	angießen, bis alles bedeckt ist.
2 Zweige Rosmarin	und
2 Zweige Thymian	mit einem Faden zusammenbinden und als Kräuterbund hinzufügen. Im vorgeheizten Backofen bei 175 °C etwa 1½ bis 2 Stunden garen. Dann die Kräuter entfernen.
200 g Crème fraîche	unter die Sauce heben und servieren.

88

Ehemaliger Grenzturm an der Elbe

Eine Zuchtform der Bellis perennis

Die Bullenwette

Von Traute Hänel

Vor Jahren gab es in den Dörfern viele Bauern mit Milchkühen. Einige hatten auch einen eigenen Zuchtbullen, so auch Bauer Karl. Die Rinder waren im Sommer auf der Weide, sie wurden regelmäßig kontrolliert. Bei so einer Kontrollfahrt kam Bauer Karl an der Gastwirtschaft vorbei. Er kehrte ein. Beim Bier wurden die aktuellen Themen des Dorfes erörtert. Auch über das liebe Rindvieh wurde gesprochen. Bullen sollten recht gefährlich sein, meinte ein Stammtischbruder. Bauer Karl erwiderte: »Mein Bulle ist sehr friedlich! Ich kann ihn jederzeit am Halfter auf den Hänger laden.«

Das wurde von seinen Kollegen sehr angezweifelt. Es wurde gewettet: nachhause fahren, Hänger anhängen, Bullen aufhalftern, aufladen und zur Kneipe zurückfahren ... und das Ganze in nur 25 Minuten! 100 DM kamen für die Wette auf die Theke. Und so wurde es gemacht. Der Bulle war kooperativ, nach nur zwölf Minuten standen Bauer und Bulle vor der Kneipe. Zurück auf dem Hof angekommen, bekam die schlafende Bäuerin den Geldschein ans Bett gebracht. »Morgen kannst du wieder los mit dem Bullen«, war ihr Kommentar.

89

Auch Braunbunte findet man in der Heide.

Der Mai ist gekommen.

Schafskäse-Rinderrouladen

6 Rouladen	dünn mit
2 EL Senf	bestreichen und mit
Salz, Pfeffer	würzen.
3 Zwiebeln	schälen und in 12 Scheiben schneiden.
200 g Schafskäse	ebenfalls in 12 Scheiben schneiden. Die Rouladen abwechselnd mit Schafskäse und Zwiebeln belegen. Dann mit
1 Pck. 8-Kräuter-Mischung (TK)	bestreuen. Die Rouladen aufwickeln und mit Rouladennadeln befestigen.
1 EL Öl	erhitzen, die Rouladen darin von allen Seiten scharf anbraten. Mit
150 ml Wasser	ablöschen und etwa 1½ Stunden garen. Den Bratensaft mit
10 g Mehl	andicken und mit
50 ml Sahne oder Crème fraîche	als Sauce verfeinern.

Die Heide in ihrer schönsten Pracht

Italienische Rinderrouladen

4 dünne Rinderrouladen (à 120 g)	mit
4 TL Tomatenpesto	bestreichen, zusammenrollen und mit Holzspießchen feststecken. Mit
Salz, Pfeffer	würzen.
3 EL Öl	erhitzen und die Rouladen darin rundum anbraten.
1 Knoblauchzehe	fein hacken und mit
2 Zweige Rosmarin	dazugeben. Mit
50 ml Rotwein	und
400 ml Rinderbrühe	ablöschen.
1 TL Tomatenmark	einrühren. Mit
Salz, Pfeffer	würzen und zugedeckt bei mittlerer Hitze 80 Minuten garen.
12 grüne Oliven	in Scheiben schneiden.
40 g getrocknete Tomaten	in Streifen schneiden. Die Rouladen aus der Sauce nehmen. Die Sauce durch ein Sieb passieren. Oliven und Tomaten dazugeben.
1 EL Speisestärke	in
5 EL Wasser	einrühren und zum Binden unter die Sauce rühren. Einmal aufkochen lassen.
Basilikum	klein hacken, die Rouladen damit bestreuen und mit der Sauce servieren.

91

> *Dazu passen Bandnudeln.*

Die Heidekönigin von Amelinghausen

Zungenragout nach Oma Usch

1 frische Rinderzunge	waschen, mit einem Küchenkrepp abtrocknen und in
4 l kaltes Wasser	mit
5 Pimentkörner	
3 Lorbeerblätter	
8 schwarze Pfefferkörner	
2 TL Salz, ½ TL Zucker	und etwas
gekörnte Brühe	etwa 2 Stunden gar kochen lassen. Die gekochte Zunge abschrecken und abkühlen lassen. Die Haut abziehen, Schlund und Sehnen wegschneiden, dann die Zunge in kleine Scheiben schneiden. Die Kochbrühe aufheben.
400 g gemischtes Hackfleisch	mit
je 1 gestr. TL Salz, Pfeffer	
1 Ei	
1 EL Semmelbrösel	in eine Schüssel geben, mit dem Knethaken gut durchrühren. Kleine Bällchen formen.

Kochen wie zu Omas Zeiten bei Anneliese Soetbeer in Neetze

92

1 EL Öl	in einer Pfanne heiß werden lassen und die Fleischklöße darin anbraten.
400 g Saucischen (kleine Würstchen)	auseinander schneiden.
1 EL Öl	in einer Pfanne heiß werden lassen, darin die kleinen Würstchen braun braten.
350 g Mini-Champignon-Köpfe (Konserve oder Glas)	abgießen.
1 EL Butter	in eine Pfanne geben und die Pilze darin anbraten. Etwa 2 Liter Brühe von der Zunge aufkochen.
4 EL Butter	und
4 geh. EL Mehl	in einem Topf braun werden lassen und die heiße Brühe dazugeben. Alle Zutaten in die angedickte Flüssigkeit geben und durchziehen lassen. Mit
200 ml Sahne	und
100 ml Madeira	abschmecken.

Mit Blätterteigpasteten servieren.

Früher wurde die Sahne per Muskelkraft von der Milch getrennt.

Alte Haustierrassen im Biosphärenreservat Niedersächsische Elbtalaue

Von Tobias Keienburg, Biosphärenreservatsverwaltung

Was haben das Biosphärenreservat Niedersächsische Elbtalaue und dieses Kochbuch gemeinsam? Auf den ersten Blick nicht viel, bei beiden spielen jedoch Fauna und Flora eine große Rolle. Hier geht es um den Schutz der wildlebenden Tiere und Pflanzen an der Elbe sowie um die Erhaltung alter Haustierrassen – dort empfehlen abwechslungsreiche Rezepte die leckere Zubereitung von Haustieren und Wild unter Verwendung von (Wild-)Kräutern und Gewürzen.

Schutz durch naturverträgliche Nutzung ist eines der Leitmotive in dieser alten Kulturlandschaft, die sich entlang der Elbe über etwa 100 Flusskilometer von Schnackenburg bis nach Lauenburg erstreckt. Seeadler und Weißstörche, Biber und Rotbauchunken sind nur einige der Tiere, die sich in der vielfältigen Auenlandschaft, den Wäldern und Sanddünen des Biosphärenreservats gut beobachten lassen. Artenreiche Stromtalwiesen werden hier gemeinsam mit landwirtschaftlichen Betrieben erhalten.

Im Jahr 2011 ist ein Teil des Biosphärenreservats als »Arche-Region Amt Neuhaus – Flusslandschaft Elbe« ausgezeichnet worden – die erste Arche-Region Deutschlands. Die auch für den Naturschutz wichtige genetische Vielfalt alter und seltener Haustierrassen wird hier erhalten: von der Leine-Gans und dem Angler Sattelschwein über das Brillenschaf bis hin zum Weißen Parkrind. In der Gemeinde Amt Neuhaus werden zudem zahlreiche Heckrinder gehalten, das sind Rückzüchtungen des Auerochsen. Das Fleisch all dieser Tiere ist ursprünglich und lecker. Es gilt die Devise: »Erhalten durch aufessen!« – womit wir wieder beim Kochbuch angelangt wären. Probieren Sie das Fleisch der alten Haustierrassen doch einmal für Ihren Sonntagsbraten aus.

Das Bunte Bentheimer Schwein ist um 1840 erstmals gezüchtet worden. Die etwa 300 Tiere, die in Deutschland leben, gelten als extrem gefährdete Haustierrasse.

Aurelias Sauerfleisch

2 kg Schweinenacken	waschen, abtrocknen und in einem Sud aus
750 ml Kräuteressig	sowie
750 ml Wasser	
1 EL Salz, 3 EL Zucker	
1 Lorbeerblatt	
1 Zwiebel (geviertelt)	und
5 Pimentkörner	1½ bis 2 Stunden langsam gar kochen. Das Fleisch muss mit der Flüssigkeit bedeckt sein. Das Fleisch herausnehmen und die Brühe durchsieben. Das Fleisch in Würfel schneiden und in eine Schüssel legen.
2 Zwiebeln	schälen, in Ringe schneiden und auf das Fleisch legen.
500 ml Brühe	mit
6 Blatt Gelatine	nach Vorschrift zubereiten. Die Brühe über das Fleisch mit den Zwiebeln gießen und gelieren lassen. Das Sauerfleisch 3 Tage im Kühlschrank kalt stellen und durchziehen lassen.

95

Sie können alternativ auch 2 kg Schweinerippen verwenden. Das Sauerfleisch schmeckt gut zu Bratkartoffeln oder gestovten Kartoffeln und mit Remouladensauce (Rezept S. 16).

Wasser, Grünland und Auwälder prägen die Elbtalaue, wie hier bei Stiepelse in der Gemeinde Amt Neuhaus

Die seltenen Pflanzen und Tiere, die auf der Stixer Wanderdüne leben, sind sehr gut an trockene und nährstoffarme Bedingungen angepasst.

Beutelwurst mit Pellkartoffeln und Apfel-Zwiebelsauce

500 g kleine Kartoffeln (Drillinge)	mit
1 TL Salz	und
½ TL Kümmel	in Wasser garen, dann pellen.
1 kg Beutelwurst (Blutwurst)	in etwa 1 cm dicke Scheiben schneiden.
2 kleine Zwiebeln	fein würfeln.
1 großer Apfel	schälen, grob raspeln und alles mit
2 EL Zucker, 1 Prise Salz	
1 Prise Pfeffer (frisch gemahlen)	
2 EL Essig, 6 EL Wasser	abschmecken. Die Flüssigkeit sollte die Zwiebeln und Äpfel bedecken.
1 TL Öl	unterrühren.

96

Infotafel zur Deutschen Storchenstraße entlang der Elbe

Filetpfanne vom Schwein

1 kg Schweinefilet	in Scheiben schneiden. Mit
Salz, Pfeffer	würzen und in
Paniermehl	wälzen. Von jeder Seite kurz anbraten und in eine Auflaufform legen.
1 Zwiebel	schälen, würfeln und in der Pfanne anbraten. Mit
350 g Champignons (Konserve)	zum Filet geben.
200 ml Sahne	mit
200 g Crème fraîche	sowie
50 g Kräuterfrischkäse	aufkochen und mit
Salz, Pfeffer, ½ TL Curry	abschmecken. Über dem Filet verteilen und über Nacht in den Kühlschrank stellen. Vor dem Anrichten 1 Stunde bei 200 °C im Ofen backen.

Lässt sich gut für eine Feier vorbereiten.
Dazu schmecken Reis und grüner Salat.

Störche und Rundballen

Kasseler mit Meerrettichsahne

1,5 kg Kasseler ohne Knochen	im Bratschlauch oder einer hitzebeständigen Glasform (mit Deckel) im Backofen bei 200 °C etwa 1 bis 1½ Stunden abbraten und erkalten lassen. Den Braten in etwa 1 cm dicke Scheiben schneiden.

Die Meerrettichsahne

300 g Schmand	mit
200 g Frischkäse	und
250 g Sahnemeerrettich	verrühren.
400 ml Sahne	steif schlagen und unter die Creme heben. Eventuell mit etwas
Meerrettich (gerieben)	nachwürzen. 3 Esslöffel der Creme auf dem Boden einer Auflaufform (oder Bräter) verstreichen. Das geschnittene Fleisch schuppenförmig darauf verteilen. Die restliche Creme auf dem Fleisch verteilen, so dass es ganz bedeckt ist. Im Backofen bei ca. 175 °C etwa 1 Stunde garen. Am Ende der Garzeit einen Teil der Sauce abgießen und mit
1 EL Speisestärke	andicken und dazu reichen.

98

Dieses Gericht ist besonders für eine Feier geeignet. Man kann es gut vorbereiten: 1 Stunde bevor die Gäste kommen, einfach in den Ofen schieben.

Typischer Hof in der Elbtalaue

Skattopf

750 g Kasseler Nacken	in Würfel schneiden und in der Pfanne mit
2 EL Öl	scharf anbraten, dann herausnehmen.
2 Zwiebeln	fein würfeln, in das Bratfett geben, mit
2 EL Zucker	karamellisieren lassen. Dann
500 ml Wasser	aufgießen und darin
200 g Schmand	auflösen. Mit
1 EL gekörnte Brühe	abschmecken.
1 TL Salz, ½ TL Pfeffer	dazugeben und aufkochen.
850 ml Sauerkraut (mild)	in eine Auflaufform geben. Fleisch und Sauce auf dem Sauerkraut verteilen.
500 g kernlose Weintrauben	halbieren, als letzte Schicht obenauf legen. Im Backofen bei 180 °C rund 30 Minuten garen.

Das kleine Elbmarschdorf Lüdershausen

Von Bernd Puch

… liegt am nordwestlichen Rand des Landkreises Lüneburg. Es befindet sich in idyllischer Lage direkt an der Neetze, die sich ober- und unterhalb des Dorfes seenartig verbreitert. An dieser Stelle sei der Reihersee genannt, beliebtes Ferienziel für viele Erholungssuchende, insbesondere aus der recht nahe gelegenen Stadt Hamburg.

Das immer noch landwirtschaftlich geprägte Dorf hat seine Ursprünge im Mittelalter. Es hat mittlerweile etwa 500 Einwohner und liegt am Rande des Naturparks Elbtalaue. In nächster Nähe gibt es diverse touristische Ziele wie das größte Schiffshebewerk der Welt in Scharnebeck. Aufgrund seiner ruhigen Lage ist das Dorf auch Durchgangsstation für viele Fahrradreisende, die den Radfernweg Hamburg-Schnackenburg passieren. Auch in die Lüneburger Heide kann man von hier aus schnell gelangen.

Boot in der Neetze

Gyros mit Metaxasauce

2 rote Paprikaschoten	waschen und in dünne Streifen schneiden.
150 g frische Champignons	putzen und vierteln. Beides in
2 EL Öl	anbraten und herausnehmen.
750 g Schweinegeschnetzeltes »Gyros Art«	im Bratfett gut anbraten. Fleisch, Paprika und Pilze in der Pfanne vermischen, dann in eine Auflaufform füllen.
2 EL Metaxa (griechischer Weinbrand)	sowie
2 EL Tomatenmark	einrühren und alles aufkochen lassen.
2 EL Schmand	unterrühren und über das Gyros in der Auflaufform füllen. Mit
200 g geriebener Gouda	bestreuen und im vorgeheizten Backofen etwa 10 Minuten goldgelb überbacken.

Abendstimmung an der Elbe

Gefüllter Rippenbraten

2 – 2½ kg Rippenbraten	in den Rippenbraten eine Tasche schneiden.
3 – 4 Boskop-Äpfel	schälen, in kleine Stücke schneiden und dann in eine große Schüssel geben. Mit
250 g Rosinen	
50 g Paniermehl	sowie
50 g Zucker	vermengen. Die Masse fest in die Fleischtasche füllen und anschließend mit einem Baumwollfaden die Tasche zunähen. In einem großen Bräter etwa 1 Stunde anbraten und zugedeckt garen lassen. Danach
100 ml Wasser	zufügen und weitere 30 Minuten bei Umluft 170 °C im Backofen lassen.
20 g Mehl	mit
100 g Schmand	verrühren und damit die Sauce binden.

Dazu schmeckt Apfelmus, aber auch fruchtiger Rotkohl (Rezept S. 72).

101

Warmer Fleischsalat (für 6 Personen)

500 g gemischtes Hackfleisch	mit
1 Zwiebel (gewürfelt)	sowie
1 Ei	
50 g Paniermehl	
1 TL Salz, ½ TL Pfeffer	vermengen, in eine kleine Kastenform drücken und bei 160 °C Umluft im Ofen backen, dann abkühlen lassen. Den kalten Hackbraten sowie
500 g Schnitzelfleisch	und
500 g Miniwürstchen	in Streifen schneiden und die Zutaten einzeln anbraten. Mit
1 TL Salz, ½ TL Pfeffer	und
½ TL Paprika	würzen.
500 g frische Champignons	putzen, in Scheiben schneiden, ebenfalls kurz in der Pfanne anbraten, dann alle Zutaten in einen großen Bräter geben.
300 ml Sahne	mit
300 ml Milch	sowie
50 g Mehl	verrühren und über das Fleisch gießen.
100 g Emmentaler	reiben und darüberstreuen. 30 Minuten bei 180 °C im Ofen überbacken.

Die Beilage

500 g Kartoffeln (Blauer Schwede)	sowie
500 g Kartoffeln (Highland Burgundy Red)	
500 g Kartoffeln (Belana)	kochen und pellen.
100 g Butter	zerlassen und die Kartoffeln darin schwenken.

Die verschiedenfarbigen Kartoffelsorten machen das I-Tüpfelchen dieses Rezeptes aus.

Gedeckter Tisch mit Naturschmuck

Schweineschnitzel auf Äpfeln

3 Äpfel	schälen und vierteln. Mit
Salz, Pfeffer	würzen.
50 g Fett	in der Pfanne zerlassen und
1 geh. TL Curry	dazugeben. Dann die Apfelviertel dazugeben, kurz im Fett wenden und dann in eine gefettete Auflaufform geben.
4 Schweineschnitzel	in der gleichen Pfanne anbraten und auf die Äpfel legen.

Die Sauce

2 EL Öl	in der Pfanne erhitzen.
500 g Champignons	darin anbraten, dann
2 EL Mehl	darüberstäuben und mit
200 ml Sahne	sowie
250 ml Milch	auffüllen. Nicht kochen lassen.
1 Apfel	reiben und unterrühren. Mit
1 TL Salz, ½ TL Pfeffer, ½ TL Curry	abschmecken. Die Sauce über die Schnitzel geben und mit Deckel bei 200 °C etwa 45 Minuten garen, dann weitere 5 Minuten ohne Deckel garen und servieren.

103

Grundschule Hohnstorf

Wellfleisch

1 kg Schweinebauch
mit Schwarte   mit

2 TL Salz

5 Pimentkörner

2 Lorbeerblätter   und etwas

Majoran   in

2,5 l Wasser (kalt)   aufsetzen. Etwa 1½ Stunden kochen lassen, bis das Fleisch gar ist.

Pfeffer aus der Mühle   auf die Schwarte streuen und kalt werden lassen.

> *In Scheiben schneiden und zu Graubrot servieren. Nach Geschmack Senf dazu servieren.*

Reppenstedter Danzlüüd

Ehemaliger Hof Petersen in Reppenstedt

Kartoffelköst und Schlachtefest in Raven

Von Marlies Brammer

In dem kleinen Heide Ort Raven mit seinen 250 Einwohnern werden mit Spaß und Geselligkeit Traditionen gepflegt. Raven ist mit seiner schönen gotischen Backsteinkirche ein beliebter Ort und gehört zur Samtgemeinde Amelinghausen. Zum Kirchspiel Raven gehören die Orte Rolfsen, Soderstorf, Schwindebeck und Wetzen. Über die Entstehung des Namens »Raven« lässt sich streiten; eine beliebte Sage erzählt, dass der Name wohl von dem »Raben« abgeleitet ist: »Als man die Kirche bauen wollte, bestand keine Einigkeit über den Standort, so ließ man einen Raben fliegen und wo dieser sich zuerst niederließ, sollte die Kirche gebaut werden.« Und nach diesem Raben benannte man das damals aus vier Höfen bestehende Dorf »Raven«.

In Raven feiern wir jährlich »Kartoffelköst«. Diese Feier zum Ende der Kartoffelernte ist ein Dank an die vielen fleißigen Erntehelfer, um sie nicht nur mit Geld zu entlohnen, sondern ihnen eine zusätzliche Wertschätzung für ihre geleistete Arbeit entgegenzubringen. Früher, als ungefähr fünfmal so viele Erntehelfer beschäftigt waren wie heute, wurde der Abschluss der Kartoffelernte auf dem Feld oder in der Hofscheune gefeiert ... mit Kaffee und Butterkuchen, heißer Schokolade für die Kinder sowie deftigen Getränken für die Erwachsenen. Heute werden die Erntehelfer zu einem Festmahl geladen, die Speisenauswahl ist ganz auf die individuellen Vorlieben der Gäste abgestimmt, aber niemals darf die »tolle Knolle« fehlen.

Aus der Zeit der Hausschlachtungen – früher haben alle Familien im Ort mindestens ein Schwein im Winter geschlachtet, die Bauern auch ein Rind – stammt das Rezept des Wellfleisches. Dieses wurde am Schlachttag im großen Wurstkessel zubereitet und abends zur »Schlachteköst« serviert. Dieses Beisammensein war ein Dankeschön an alle, die beim Schlachten geholfen haben. Es gab zusätzlich noch andere Fleischgerichte wie frisches Mett, frisch gekochte Nieren oder Grützwurst ... und dazu reichlich hochprozentige Getränke. Schön war auch der Brauch, dass der Schlachter für die Kinder kleine Kinderwürste stopfte. Da alle Familien schlachteten, hatten die Kinder dann reichlich Vorrat an kleinen Mett-, Bregen- und Leberwürsten. Solche Hausschlachtungen gibt es heute nicht mehr, wer eigene Tiere schlachten möchte, muss diese zu einem Schlachter bringen.

105

Altes Wasserfass

Würstel-Risotto

200 g Rauch-Enden (Kochwürste, Mett-Enden)	in Scheiben schneiden, in einer Pfanne mit
1 EL Öl	anbraten und dann aus der Pfanne nehmen.
300 g Risotto-Reis	waschen und in dem Fett anrösten.
2 Zwiebeln	würfeln, hinzufügen und anschwitzen lassen.
500 g Tomatenmark	hinzugeben. Nach und nach
800 ml Fleischbrühe	hinzufügen. Den Reis bei geringer Hitze etwa 15 Minuten garen.
425 ml Erbsen (Konserve oder TK)	ohne Flüssigkeit zum Reis geben, die gebratene Wurst unterheben. Mit
Paprika (edelsüß)	und
Pfeffer, Salz	abschmecken. Alles in eine Schüssel geben.
2 Eier	hart kochen, pellen, würfeln und vor dem Servieren darübegeben.

106

Alte Schule Bütlingen

Wurstgulasch

200 g Zwiebeln	würfeln.
250 g Fleischwurst (Lüneburger Gekochte)	in Stifte schneiden.
250 g frische Champignons	putzen und in Scheiben schneiden. Alle Zutaten in
50 ml Öl	anbraten.
4 Gewürzgurken (aus dem Glas)	und
200 g Rote Bete (gekocht oder aus dem Glas)	in Stifte schneiden und dazugeben. Mit
2 EL Tomaten-Ketchup	sowie
1 TL Curry, 1 TL Salz	
Cayennepfeffer	und
Paprika (edelsüß)	würzen.
3 EL Cognac	und
100 ml Sahne	dazugeben, 10 Minuten kochen lassen. Mit
1 Bund Petersilie (gehackt)	bestreuen und servieren.

*Dazu passen Stangenbrot,
Kartoffeln oder Reis.*

107

Schwäne in ihrem Element

Rückenfilet von der Heidschnucke im Kräutermantel mit Holunder-Johannisbeersauce

800 g Rückenlachse (Filet) von der Heidschnucke	mit
Salz, Pfeffer (weiß)	und
Paprika	würzen. Das Fleisch in
20 g getrocknete Kräuter (Kerbel, Petersilie, Schnittlauch)	wenden.
20 ml Rapsöl	in der Pfanne heiß werden lassen und die Filets darin anbraten. Dann etwa 10 Minuten im vorgeheizten Ofen bei 140 °C garen. Die Filets entnehmen.
1 kleine Zwiebel	klein hacken und in die heiße Pfanne geben. Mit
200 ml Holundersaft	ablöschen.
200 ml Geflügelbrühe	sowie
100 ml Sahne	angießen, bis auf die Hälfte der Flüssigkeit einkochen lassen und durch ein Sieb gießen.
200 ml Johannisbeersaft	zugeben, verrühren und als Sauce zu den Filets reichen.

> *Dazu passen grüne Bohnen und Heidekartoffeln.*

108

Rapsfeld bei Barnstedt

Heidschnuckenböcke

Deftiger Wildauflauf

Reste vom Wildbraten (oder Wildgulasch)	im Fleischwolf durchdrehen und in
10 g Butter	anbraten. Mit
Salz, Pfeffer	würzen.
1 Zwiebel	klein schneiden, dazugeben und alles mit
100 ml Rotwein	ablöschen, dann 10 Minuten schmoren lassen.
200 ml Sahne	zufügen und nochmals abschmecken.
500 g Kartoffeln	kochen, pellen und in Scheiben schneiden. Das Fleisch mit den Kartoffeln und
500 g Rotkohl oder Sauerkraut	schichtweise in eine gefettete Auflaufform geben. Die letzte Schicht sollten Kartoffeln sein. Darauf einige
Butterflocken	aufsetzen und
50 g Paniermehl	überstreuen. Den Auflauf 20 Minuten bei 220 °C backen.

109

Schafe und Kühe

Echinacea

Beize für Wildbraten

1 l Rotwein	mit
1 l Wasser	sowie
2 Lorbeerblätter	
8 – 10 Wacholderbeeren	
1 Zwiebel	
1 Möhre	und etwas
Salz	vermischen und kurz aufkochen. Die fertige Beize

etwas abkühlen lassen, dann über das Wildfleisch geben. 2 bis 3 Tage kühl stellen, das Fleisch einige Male wenden. Das Fleisch dann nach dem jeweiligen Rezept weiterverarbeiten.

Bleckeder LandFrauen bei der 800-Jahrfeier in Bleckede

500 Jahre alte Eiche vor der Hofstelle in Wennekath

Heidschnuckenkeule in Wacholderrahm

Heidschnucken heißen die Vertreter der krummbehörnten, wolligen Schafart, die es vorwiegend in der Lüneburger Heide gibt. Die Tiere halten durch ihre ausdauernde Futtersuche die Heide in einem gepflegten und natürlichen Zustand. Das Fleisch der Heidschnucken ist zart und wohlschmeckend.

1 Heidschnuckenkeule mit Knochen (ca. 1,5 kg)	kurz abspülen und mit Küchenkrepp trocken tupfen.
2 TL Wacholderbeeren	zerkleinern, einen Teil davon mit
Salz, Pfeffer	mischen und die Keule damit einreiben, kurz ziehen lassen.
2 Zwiebeln	grob würfeln.
2 Möhren	putzen, in Scheiben schneiden.
2 EL Öl	im Bräter erhitzen.
2 EL Butter	darin schmelzen und die Keule darin rundum kräftig anbraten. Zwiebeln und Möhren ringsum verteilen und unter Rühren kurz anrösten. Das Gemüse mit den restlichen Wacholderbeeren und mit
Salz, Pfeffer	würzen.
1 Lorbeerblatt	zufügen und
1 TL Thymian (getrocknet)	einstreuen.
500 ml Rotwein	angießen, dann den Bräter in den vorgeheizten Backofen (200 °C) schieben und etwa 1½ Stunden schmoren. Die Keule gelegentlich mit Bratensaft übergießen und zwischenzeitlich einmal wenden. Die fertige Keule herausnehmen, auf dem Rost im ausgeschalteten Backofen warm halten. Das Gemüse mit dem Bratensud durch ein Sieb streichen. Etwa 500 ml Bratensud in einem Topf erhitzen.
150 g Crème fraîche	einrühren, mit
Salz, Pfeffer	abschmecken und zu einer cremigen Sauce köcheln lassen.

111

Dazu passen Kartoffelkroketten oder Salzkartoffeln. Als Gemüse passen sehr gut Rosenkohl, aber auch grüne Bohnen oder Rotkohl.

Restauriertes Fachwerkhaus

Die Geschichte des Naturparks Lüneburger Heide

Der Verein Naturschutzpark e.V. (VNP) gründete sich 1909 in München und setzte sich zum Ziel, großflächig Naturschutz zu betreiben. Nach dem Vorbild der amerikanischen Nationalparks wollte der VNP in Mitteleuropa in den wichtigen und repräsentativen Naturräumen – Hochgebirge, Mittelgebirge und Tiefland – Gebiete in einer Größenordnung von jeweils mindestens 20 000 Hektar unter Schutz stellen. Im Hochgebirge hat der Verein Naturschutzpark maßgeblich dazu beigetragen, dass der erste Nationalpark Österreichs in den »Hohen Tauern« entstand. Im Tiefland wurde er 1910 mit dem Ankauf der Flächen um den Wilseder Berg in der Lüneburger Heide aktiv, nachdem er durch Pastor Bode überzeugt wurde, sich in der Lüneburger Heide zu engagieren.

Blühende Heide

Schnucken in der Heide

Wilhelm Bode (1860 bis 1927) war von 1886 an für 37 Jahre Pastor in Egestorf. Schon früh erkannte er die Schutzbedürftigkeit der einmaligen historischen Kulturlandschaft. Nach langen, mühseligen Verhandlungen gelang ihm 1906 mit anderen zusammen der Erwerb des Totengrundes. Als im Jahr 1921 ein Gebiet von vier Quadratmeilen, in dessen Mitte der Wilseder Berg lag, von der Preußischen Regierung zum Naturschutzgebiet erklärt wurde, war seine unermüdliche jahrelange Arbeit von Erfolg gekrönt. Als besondere Ehre wurde für ihn wenige Meter von der Egestorfer Kirche entfernt eine Büste geschaffen.

Im Januar 1954 wurde der Hamburger Kaufmann und begeisterte Naturfreund Alfred Toepfer (1884 bis 1993) Vorsitzender des Vereins Naturschutzpark. Als größter Getreidehändler der Welt zur damaligen Zeit gehörte Toepfer zu den markantesten Persönlichkeiten der westdeutschen Wirtschaft. Umfangreiche Reisen führten ihn durch viele Länder Europas, Amerikas und Asiens. Mit vollem Elan unterstützte er den Naturschutzpark. Seine Ziele, das Zentrum der Lüneburger Heide als Erholungsraum für die in den Aufbaujahren der Bundesrepublik hart arbeitende Bevölkerung in voller Schönheit zu erhalten und den Naturschutzgedanken in allen gesellschaftlichen Kreisen zu etablieren, verfolgte Toepfer eindringlich.

113

Alfred Toepfer setzte die Idee der Naturparke in Deutschland durch. Der Naturpark Lüneburger Heide wird als erster Naturpark in Deutschland 1956 gegründet. Er ist zu dieser Zeit identisch mit dem Naturschutzgebiet Lüneburger Heide. Der VNP wird Träger des Naturparks.

Bereits im Jahr 2007 wird der Naturpark Lüneburger Heide um das Vierfache seiner Fläche erweitert. Umweltminister Sander überreichte am 17. Februar 2007 die Urkunde. Der VNP übergibt die Trägerschaft des Naturparks Lüneburger Heide an den Verein Naturparkregion Lüneburger Heide. Der Trägerverein »Naturparkregion Lüneburger Heide e.V.« feierte am 12. Juli 2012 mit seinen Mitgliedern, Förderern und Sponsoren, Mitgliedern der Gemeinderäte und Kreistage und anderen Partnern eine »Geburtstagsfeier« zur fünfjährigen Naturparkerweiterung auf dem Schmeshof in Döhle.

Quelle: Verein Naturparkregion Lüneburger Heide e.V.

Heideweg

Geschmorte Heidschnuckenhaxen im Gemüsesud

8 Hinterhaxen von der Heidschnucke	mit
Salz, weißer Pfeffer	würzen.
150 g Butter	in einem Bräter erhitzen und die Haxen leicht anbraten.
125 g Zwiebeln	
100 g Möhren	
100 g Sellerie	und
80 g Porree	putzen, in Würfel schneiden und kurz mitschmoren.
1 l Fleischbrühe	auffüllen.
2 Zweige Thymian	dazugeben, die Haxen im Backofen bei 180 °C abgedeckt etwa 60 bis 80 Minuten schmoren lassen. Sobald die Haxen schön weich sind, aus dem Bräter entnehmen und mit dem Gemüse und dem Sud anrichten.

114

Dazu schmecken Speckbohnen und Bratkartoffeln.

Idyllischer Teich im Lüneburger Land

Rehrücken mit Rotweinsauce

1 Rehrücken (1,5 kg)	kurz abwaschen, abtrocknen, häuten und mit
Salz, Pfeffer	sowie
3 Wacholderbeeren (zerstoßen)	einreiben.
100 g Speck	in sehr dünne Scheiben schneiden und einen Teil in den Bräter legen. Die restlichen Scheiben auf den Rehrücken legen, so dass er ganz bedeckt ist. Das Fleisch in den Backofen schieben und bei 250 °C etwa 40 bis 45 Minuten braten. Rund 15 Minuten vor Ende der Garzeit
250 ml Rotwein	über den Braten gießen. Dann den Braten herausnehmen, das Fleisch vom Knochen lösen und in etwa 3 cm dicke Scheiben schneiden. Nach Belieben mit
Ananas- oder Orangenscheiben	garnieren. Die Bratensauce mit
50 g Speisestärke	binden und mit
Salz, Pfeffer	sowie
100 ml Sahne oder Schmand	abschmecken.
1 EL Preiselbeerkompott	in die fertige Sauce geben.

Rehkeule und Rehschulter werden in gleicher Weise zubereitet. Die Bratzeit ist nur etwas länger – bei 2 kg beträgt die Garzeit bei 225 bis 250 °C etwa 1½ bis 2 Stunden.

Streuobstwiesen

Wildschweingulasch unter der Blätterteighaube

40 g Butterschmalz	in einer Pfanne erhitzen.
1 kg Wildschweingulasch	dazugeben und kräftig anbraten.
1 große Zwiebel	sowie
2 Möhren	klein würfeln und hinzugeben.
1 TL Paprika (edelsüß)	und
2 EL Tomatenmark	kurz mitschwitzen lassen. Mit
250 ml Rotwein	sowie
750 ml Wasser	ablöschen und 2 Stunden bei geschlossenem Deckel schmoren lassen.
500 g Waldpilze (TK)	und
250 ml Sahne	20 Minuten vor Ende der Garzeit hinzugeben. Abschließend die Sauce mit
50 g Speisestärke	binden und mit
4 EL Schmand	sowie
4 TL Johannisbeergelee	abschmecken. Erkalten lassen und alles in eine Auflaufform geben.
300 g Blätterteig	gut ausrollen und die Form gleichmäßig damit abdecken.
1 Eigelb	mit
1 EL Sahne	verquirlen und den Blätterteig damit bestreichen. Bei 200 °C (Ober- und Unterhitze) 30 Minuten backen.

116

Die Garnierung

2 Äpfel mit Schale	waschen, entkernen, durchschneiden und in der Mikrowelle bei 900 Watt für 1 Minute garen. Die Apfelhälften jeweils mit 1 Teelöffel
Preiselbeeren	füllen und zum Wildschweingulasch reichen.

Pilze – Wunder der Natur

Wildfleischsalat

500 g Wildfleisch	würfeln.
100 g blaue Weintrauben	sowie
100 g grüne Weintrauben	halbieren und entkernen.
1 Apfel	schälen und grob raspeln.
250 g Mandarinen (Konserve)	abtropfen lassen. Alles vorsichtig vermischen und zum Schluss
250 g leichte Salatmajonäse	unterheben, abschmecken und eventuell mit
Salz, Pfeffer (weiß)	nachwürzen. Vor dem Servieren gut durchziehen lassen.

Verwenden Sie Wildfleisch gebraten oder gekocht, es können auch Reste sein. Mit Toastbrot und Rotwein servieren. Alternativ können Sie für diesen Salat auch Rindfleisch verwenden, z.B. die Reste der Hochzeitssuppe (Rezept S. 33).

117

Hilfe – meine Haare!

Wildschweinkeule

1 Wildschweinkeule (ca. 3 kg)	kurz abwaschen, abtrocknen, häuten und mit
Salz, Pfeffer	einreiben.
100 g fetter Speck	in sehr dünne Scheiben schneiden und einen Teil in einen Bräter legen. Die Keule darauflegen, die restlichen Scheiben Speck auf das Fleisch legen.
4 Wacholderbeeren (zerdrückt)	in die Fettpfanne geben, das Fleisch in den Backofen schieben und bei 250 °C etwa 2 Stunden braten. Nach Bedarf
100 ml heißes Wasser	zum Braten geben und etwa 30 Minuten vor Ende der Garzeit
250 ml Rotwein	über den Braten gießen. Die Sauce dann mit
50 g Speisestärke	binden, mit
Salz, Pfeffer	abschmecken und mit
100 ml Sahne	verfeinern.

Wildschweinnacken, -schulter und -rücken werden in gleicher Weise zubereitet. Wer mag, kann das Fleisch 2 bis 3 Tage in eine Beize (Rezept S. 110) legen.

Deichvorland

Die Sage von der Lüneburger Salzsau

Von Heinrich Karsten, Salzmuseum Lüneburg

Vor mehr als 1000 Jahren, als noch unermessliche Wälder das Lüneburger Land bedeckten, trug es sich zu, dass mehrere Jäger der Spur eines Wildschweins folgten. Der Pfad führte durch Sümpfe und Brüche an der Ilmenau entlang. Es währte nicht lange, da lenkte die Spur seitwärts in eine hügelige und trockene Gegend. Wie staunten die Jäger, als sie bald an einem sonnigen Hang eine mächtige Salzsau schlafend fanden, wie sie bisher noch keine gesehen hatten; denn sie war nicht schwarz, sondern hatte schneeweiße Borsten.

119

Salzsau

Sie erlegten das seltsame Tier und forschten mit Eifer nach der Ursache solcher Färbung. Als sie mit der Hand durch die Borsten strichen, merkten sie, dass Salzkörnchen an ihnen klebten, so dicht, als wäre das Tier mit weißen Borsten bedeckt. Das nahm sie wunder und als sie die Fährte des Tieres zurückgingen, fanden sie zuletzt einen Tümpel, in dem das Schwein gesuhlt hatte. Das Wasser des Sumpfes war von salzigem Geschmack und man wusste jetzt, wie die Sau zu den weißen Borsten gekommen war.

So zeigte eine wilde Sau den Lüneburgern eine Quelle unerschöpflichen Reichtums. Bis vor kurzem lieferte die Saline vor dem Sülztore eine kräftige Sole, aus der Salz gesotten wurde. Die Salzsau wurde weit und breit bekannt, und die Bürger der Stadt ehrten sie, indem sie zum Andenken einen Schinkenknochen des Tieres in einem Glaskasten im Rathaus verwahrten. Doch man hat sich nicht entschließen können, ein Schwein als Wappentier Lüneburgs zu führen, sondern hat stattdessen einen Löwen gewählt.

Gefüllte Wildente

1 Wildente (küchenfertig)	mit
Salz, Pfeffer	und
Wachholderbeeren	würzen.
2 Äpfel	schälen, grob würfeln und mit
Zitronensaft	mischen. Dann
2 EL Paniermehl	und
50 g Rosinen	dazugeben und alles gut vermengen. Die gewürzte Ente damit füllen und zunähen.
150 g fetter Speck	in dünne Scheiben schneiden und einen Bräter damit auslegen. Die Ente darauflegen, mit dem Rest Speckscheiben belegen. Bei 220 °C etwa 1 Stunde garen. Dann
250 ml Rotwein	angießen und weitere 30 Minuten garen. Die Sauce mit
50 g Mehl	binden.
100 ml Sahne	dazugeben und abschmecken.

Die Ente wird mit Salzkartoffeln und fruchtigem Rotkohl (Rezept S. 72) serviert.

Blühende Gartenmauer

Wildfleisch-Terrine

1,5 kg Wildfleisch (ohne Knochen)	würfeln und mit
1 Zwiebel	und 250 g von
650 g fetter Speck	zweimal durch die feine Scheibe des Fleischwolfs drehen. Weitere 250 g vom fetten Speck würfeln und mit
4 TL Salz	
½ TL Cayennepfeffer	
½ TL Zimt	
1 Messerspitze Piment	
2 gestoßene Nelken	
½ TL Rosmarin	und
½ TL Thymian	unter den Fleischteig geben.
250 ml Rotwein	
40 g Pistazienkerne	und
40 g schwarze Trüffel (Konserve)	hacken, zum Teig geben und vorsichtig kneten. Die restlichen 150 g vom fetten Speck in feine Scheiben schneiden, die Hälfte in einer Terrine auslegen und die Fleischmasse einfüllen. Kräftig hineindrücken, damit keine Hohlräume entstehen. Mit Speckscheiben die Oberfläche abdecken, mit
Lorbeerblätter	
Wachholderbeeren	und
Kräuter (nach Geschmack)	beliebig garnieren. Den Deckel auf die Terrine setzen und bei 200 °C im Wasserbad im Backofen 60 bis 70 Minuten garen. Dann die Oberfläche mit Alufolie abdecken, ein Brettchen darauflegen, beschweren und auskühlen lassen.

121

Die Terrine sollte erst am 2. Tag angeschnitten werden, weil sie erst dann ein volles Aroma entfaltet. Sie eignet sich als Vorspeise mit Toastbrot, Preiselbeeren und Rotwein. Wenn das Fleisch vom Hals und von den Bauchlappen genommen wird, sollte man es vorher kochen, damit es sich besser von den Knochen lösen lässt!

Gartengeräte

Heidschnucken-Gulasch

1 kg schieres Heidschnuckenfleisch	in walnussgroße Stücke schneiden. Mit
Salz, Pfeffer	würzen und in
20 ml Rapsöl	anbraten.
2 EL Tomatenmark	dazugeben.
2 Zwiebeln	in Scheiben schneiden, dazugeben und anbraten. Mit
200 ml Rotwein	ablöschen und mit Wasser auffüllen, bis das Fleisch reichlich bedeckt ist.
125 g getrocknete Steinpilze	sowie
Salz, Pfeffer aus der Mühle (weiß)	
Piment	
Wacholderbeeren (gestoßen)	dazugeben und etwa 1 Stunde kochen lassen, bis das Fleisch gar ist.
100 g Butter	und
250 g Schmand	hinzugeben, aufkochen und abschmecken.
50 ml Wasser	mit
20 g Kartoffelstärke	anrühren und die Sauce damit abbinden.
Ingwer (gemahlen)	und etwas
Zitronenschale	dazugeben und abschmecken.

122

Dazu schmecken grüne Bohnen und Heidekartoffeln.

Rapsfelder um Dahlenburg

Die »Blaue Stunde«

Von Reinhold Baumgarten

Wer kennt die Blaue Stunde? Die Stunde zwischen Tag und Traum. Man kann sagen, die Blaue Stunde beginnt im Dämmerschein, wenn man ohne eine Lichtquelle nicht mehr lesen kann. Eine Tageszeitangabe kann man dafür nicht machen, sie richtet sich nach Jahreszeit und Wetterlage.

Ich kenne diese Stunde noch aus meiner Kindheit. Damals nahm ich an, meine Mutter hätte dieses Ritual aus ihrem Heimatdorf in der Heide hier nach Neetze gebracht. Wenn diese Schummerstunde, wie man sie hier nannte, begann, traf man sich, rückte näher zusammen und machte es sich behaglich. Wir Kinder, meine drei Geschwister und ich, sprachen kaum oder nur leise. Unsere Mutter schwieg zunächst auch, erzählte dann manchmal aus alten Zeiten in der Heide, von dem großen Wald und dem Raubritter Zarenhusen.

Wenn ein Gast aus der Nachbarschaft kam, setzte sich dieser still dazu. Das elektrische Licht wurde nicht eingeschaltet, auch keine Kerze aufgestellt. Kleine Geschichten der Gäste waren uns Kindern sehr willkommen. Wir zogen dann die Gardine zur Seite um die Blaue Stunde zu verlängern. Manchmal dachte ich damals: »Diese Stromeinsparung ist wieder eine Idee von Erwachsenen!« Dass diese Blaue Stunde jedoch Körper und Seele in Einklang bringen kann und die Zusammengehörigkeit stärkt, darauf kam ich erst viel später.

Heute glaube ich, alle Leute, die in der Schummerstunde zusammenkamen, fühlten sich sehr wohl. Die ganz Kleinen machten daraus auch teilweise eine Kuschelstunde. Im Sommer konnte man diese Blaue Stunde auch nach draußen verlegen. Garten- und besonders Blumenfreunde schwärmten stets wieder davon, wie sich weiße Blüten im Dämmerlicht hellblau und mit einer gewissen Leuchtkraft zeigen. Kommt daher etwa die Bezeichnung »Blaue Stunde«? Wenn es dann dunkel geworden war, genoss man nur noch den Blütenduft. Die Stille beim Ausklang dieser Stunde ließ alle Kinder gut schlafen und träumen.

Eine Fortsetzung der Blauen Stunde mit unseren Kindern haben wir leider nicht gemacht, denn wir hatten immer so viel zu tun. Doch während ich diese Zeilen schrieb, habe ich mir ganz fest vorgenommen, diese Stunde in unserer Familie wieder einzuführen.

Abendstimmung im Herbst

Fischfilet im Apfelbett

7 säuerliche Äpfel	grob raspeln und mit dem Saft von
1 Zitrone	übergießen.
1 EL Zucker	sowie
75 ml Sahne	dazugeben und verrühren. Die geraspelte Apfel-Masse auf einer Platte verteilen.
600 g Fischfilet	gar kochen, in mundgerechte Stücke schneiden und gleichmäßig darauf verteilen.
2 EL Majonäse	mit
300 g Joghurt	
2 EL Quark	und
125 ml Schmand	verrühren.
2 Zwiebeln	fein würfeln, dazugeben und mit
1 TL Senf	
1 TL Currypulver	
Salz, Pfeffer	abschmecken. Den Fisch mit der Majonäse übergießen. Mit
Tomatenstücke	
Gurkenscheiben	und/oder
Kräuter (Rucola, Petersilie, Schnittlauch)	nach Belieben dekorieren.

> Sie können zum Beispiel Zander, Kabeljau oder Seelachs verwenden. Dazu passen Pell- oder Bratkartoffeln.

Apfelblüte

Eingelegte Bratheringe

8 Grüne Heringe	säubern und schuppen. In
Roggenmehl	panieren und mit
50 ml Öl	in der Pfanne knusprig braten. Aus
400 ml Kräuteressig	sowie
Salz, Zucker	
3 Lorbeerblätter	
1 EL Senfkörner	
1 EL Pfefferkörner	einen Sud kochen.
3 Zwiebeln	in Ringe schneiden. Die Heringe in den heißen Sud legen und mit den Zwiebelringen bedecken. 2 bis 3 Tage ziehen lassen.

Mit Bratkartoffeln oder Stampfkartoffeln (Rezept S. 40) servieren.

125

Graureiher an der Elbe

Geschmücktes Stallfenster

Das Schiffshebewerk Lüneburg-Scharnebeck

... ist ein Doppelschiffshebewerk. Wer aus nördlicher Richtung sich dem Schiffshebewerk nähert, sieht im Süden am Geestrand der Elbemarsch schon von weitem die vom Wald umrandeten, hellen Betontürme und die roten Tröge der Anlage. In ihnen überwinden die Schiffe eine Höhenstufe von 38 Metern wie in einem überdimensionalen Fahrstuhl.

Beide Tröge des Schiffshebewerkes arbeiten unabhängig voneinander und werden von einem zentralen Steuerstand aus vollautomatisch im Ein-Mann-Betrieb ge-

126

Ansicht vom Unterhafen des Schiffshebewerks

Schiff im Trog des Schiffshebewerks

fahren. Das erste Schiff passierte mit der Teilfreigabe des Kanals zwischen der Elbe und dem Hafen Lüneburg am 5. Dezember 1975 das Schiffshebewerk. Bei einem Rundgang um das Hebewerk werden weitere Bauelemente sichtbar, so zum Beispiel der Untere Vorhafen und die hohen Dämme, die den Oberen Vorhafen umfassen. Hoch aus den Dämmen heraus ragen die 42,5 Meter langen und zwölf Meter breiten, roten Kanalbrücken aus Stahl. Sie stellen die Verbindung zu den Trögen her und überspannen gleichzeitig eine Straße. Von einer Plattform unmittelbar unter den Kanalbrücken entdeckt man tief unten die mächtigen Trogwannen aus Stahlbeton, die die Tröge in ihrer untersten Stellung aufnehmen.

Jedem Trog sind vier Führungstürme zugeordnet. Durch die wannenartigen Öffnungen in diesen Türmen ist das gegenläufige Auf und Ab vom Trog und den Gegengewichten zu erkennen. Das Gewicht eines wassergefüllten Troges mit 100 Metern nutzbarer Länge, zwölf Metern Breite und 3,40 Metern Wassertiefe beträgt mit oder ohne Schiff immer 5800 tonnen, da die Schiffe beim Ein- und Ausfahren so viel Wasser aus dem Trog verdrängen wie sie selber wiegen. Im Bereich der Türme liegen die Tröge auf Stützrahmen auf. Jeder Trog wird von 240, je 54 Millimeter dicken Stahlseilen gehalten. Diese werden im obersten Stockwerk der Türme über Seilscheiben geführt und an einem Seilende mit dem Stützrahmen, am anderen Ende mit den Gegengewichten verbunden. Sie bestehen aus 224 Schwerbetonscheiben mit jeweils rund 26,5 Tonnen Einzelgewicht.

Für den Antrieb eines Troges reichen vier Drehstrommotoren mit je 160 Kilowatt Leistung aus. Sie befinden sich im Bereich der Stützrahmen auf dem Trog und treiben über Getriebe die Ritzel an, mit denen der Trog an den Zahnstangen in den Türmen in drei Minuten die 38 Meter Höhenunterschied überwindet. Auf die neben den Zahnstangen befindlichen Spindeln setzt sich der Trog in Stör- und Katastrophenfällen ab. Beide Tröge des Schiffshebewerkes arbeiten unabhängig voneinander und werden von einem zentralen Steuerstand aus vollautomatisch im Einmannbetrieb gefahren.

Quelle: www.schiffshebewerk-scharnebeck.de, Jörg Perleberg

Das Schiffshebewerk von oben

Lachsroulade

100 g Mehl	mit
300 ml Milch	
4 Eier	
2 EL Öl	sowie
1 Msp. Salz	zu einem Pfannkuchenteig verrühren und 30 Minuten quellen lassen. Ein Backblech mit Backpapier auslegen, den Teig daraufstreichen, im vorgeheizten Backofen bei 200 °C (Umluft) etwa 15 Minuten backen. Die gebackene Pfannkuchenplatte auf ein sauberes Geschirrhandtuch stürzen, das Backpapier abziehen.
300 g Frischkäse	mit
1 EL Meerrettich	sowie
3 EL Dill	
¼ TL Salz	
1 Msp. Cayennepfeffer	und
250 g Crème fraîche	verrühren. Die Käsemasse auf dem Pfannkuchen verteilen und mit
150 g geräucherter Lachs (in Scheiben)	belegen. Die Platte mit Hilfe des Tuches aufrollen und 30 Minuten im Kühlschrank durchkühlen lassen. Dann 1,5 cm dicke Scheiben schneiden.
1 EL Dill	zum Verzieren überstreuen und mit
Salatblätter	anrichten.

128

Seerosen im Teich

Lachs-Quiche

200 g Mehl	mit
125 g Butter	
1 Ei	
1 Prise Salz	und
2 EL Wasser	zu einem Mürbeteig verarbeiten und etwa 1 Stunde kühl stellen. Dann eine Spring- oder Quicheform damit auslegen.
200 g geräucherter Lachs	klein schneiden. Mit
150 g Schmand	sowie
Meerrettich (nach Geschmack)	
2 Eier	
1 EL Mehl	
120 ml Milch	
1 EL Dill	und
Salz, Pfeffer	verrühren und als Belag auf dem Teig verteilen. Bei 200 °C etwa 20 bis 25 Minuten backen.

129

Entennachwuchs

Kartoffel-Bückling-Auflauf

Entnommen aus dem Protokollbuch der LandFrauen Artlenburg / Avendorf von 1949

1,5 kg Pellkartoffeln	in feine Scheiben schneiden und in eine gefettete Auflaufform legen.
3 Bücklinge	entgräten und auf die Kartoffeln schichten.
500 ml Milch	mit
2 Eier	
Salz, Pfeffer	verquirlen und darübergießen. Mit
100 g geriebener Edamer	bestreuen. Bei 180 °C etwa 25 bis 30 Minuten backen.

Altstadt Lüneburg

Handelskammer Lüneburg

Mediterrane Schollen aus dem Ofen

4 küchenfertige Schollen (à 300 g)	kalt abwaschen, trocken tupfen und mit
Salz, Pfeffer	sowie
3 EL Zitronensaft	würzen. Schollen auf ein Backblech legen und mit
4 Zitronenscheiben (unbehandelt)	belegen.
1 rote Pfefferschote	und
1 Knoblauchzehe	in feine Scheiben schneiden und in einer Pfanne mit
100 ml Olivenöl	erhitzen.
2 Bund Frühlingszwiebeln	in 2 cm lange Stücke schneiden und mit in die Pfanne geben.
1 TL Fenchelsaat	sowie
1 TL Senfsaat	und
250 g Kirschtomaten	dazugeben und 2 Minuten braten.
4 Zweige Rosmarin	zugeben und mit
Salz, Pfeffer	würzen. Die Tomatenmischung über die Schollen gießen. Die Schollen im heißen Ofen bei 220 °C (Ober- und Unterhitze) etwa 15 Minuten garen.

131

Die Sauce

1 Knoblauchzehe	fein hacken. Mit
1 Msp. gemahlener Safran	
300 g Joghurt	
20 ml Olivenöl	sowie
1 EL Weißweinessig	verrühren und mit
Salz, Pfeffer	abschmecken und zu den Schollen servieren.

Alte Ratsapotheke Lüneburg

Aal in Gelee

1 kg frischer Aal	abziehen und in Stücke schneiden. Aus
1 l Wasser	mit
200 ml Essig	
300 g Zucker	
1 EL Salz	
5 Pfefferkörner	
2 Lorbeerblätter	sowie
1 Zwiebel (geschnitten)	einen Sud kochen. Die Aalstücke zugeben und 10 bis 15 Minuten gar ziehen lassen. Den Aal in Portionsschüsseln geben. Den Sud abmessen und mit
4 Blatt weiße Gelatine	nach Packungsanweisung verarbeiten. Das noch heiße Gelee über den Aal geben und fest werden lassen.

132

Zugefrorene Elbe 1996

Eisbrecher auf der Elbe

Hohnstorf – ein Fischerdorf

Erstmals am 23. November 1365 wurde zehn Fischern von Herzog Wilhelm von Braunschweig und Lüneburg das Fischereiprivileg verliehen. Es waren lediglich diese zehn Fischer, die auf einer höher gelegenen Sandinsel (ähnlich einer Warft) im Deichvorland – dem so genannten Fischerzug – ihre Fischerhütten hatten. Der Name Hohnstorf taucht erstmals 1586 auf.

Da im Jahre 1373 der Herzog Magnus von Braunschweig und Lüneburg seine vom Bistum Verden erhaltenen Güter zwischen Bleckede und Elmenau an Erich von Sachsen und Lauenburg verpfändete, fischten die Hohnstorfer und Lauenburger Fischer gemeinsam. Da sich die Lauenburger Fischer zunehmend auf den Schiffbau konzentrierten, kauften 1894 die Hohnstorfer Fischer ihre und die Lauenburger Fischereiberechtigung vom Staat und bildeten eine Genossenschaft. Es waren fortan 20 Hohnstorfer Fischer, die bis 1940 zusammen fischten.

Mit dem Kauf der Lauenburger Fischereirechte war die Verpflichtung verbunden, stets ein Fischangebot auf dem Lauenburger Markt vorzuhalten. Dieser Verpflichtung kommt noch heute Hohnstorfs einziger Fischer nach.

Weil der Ertrag immer geringer wurde, verkaufte die Genossenschaft im Jahre 1940 das Fischereirecht an den Staat. Danach fischten noch vier Fischer bis Mitte der 60er Jahre und drei hörten dann aus Altersgründen auf. Nur die Familie Panz lebte weiterhin vom Fischfang. Heute ist Eckard Panz der alleinige Pächter der Elbfischerei von Barförde bis Obermarschacht.

Mit freundlicher Genehmigung: Auszug aus dem Flyer zum Fischereimuseum von Egon Ojowski

Fischernetze in Hohnstorf an der Elbe

Fahrradtour auf dem Elbdeich

Zanderfilet als Auflauf

750 – 1000 g Zanderfilet	in zwei Stücke teilen, mit
Salz, Pfeffer	würzen. Aus
1 Zwiebel (gehackt)	sowie
1 saure Gurke (gewürfelt)	
1 Stange Porree (geschnitten)	
1 EL Olivenöl	
1 EL Senf	und
2 EL Tomatenmark	eine Marinade herstellen.
Zitronensaft	nach Geschmack hinzufügen. Den Fisch in eine Auflaufform legen und mit der Marinade bestreichen. Kurz ziehen lassen.
2 Tomaten	klein schneiden und hinzufügen.
75 g geriebener Käse	je nach Geschmack über dem Fisch verteilen und mit
Salz, Pfeffer	würzen. Im vorgeheizten Backofen bei 160 °C etwa 40 Minuten überbacken.

> **Mit Kartoffeln servieren.**

134

Schloss Lüdersburg

Zanderfilet mit Kartoffelschuppen auf Linsengemüse und Rotweinschalotten

240 g Zander	mit
Salz, Pfeffer	würzen und auf einer Seite mit
50 g Kartoffelstärke	bedecken.
2 Kartoffeln	schälen, in sehr dünne Scheiben schneiden und schuppenförmig auf das Zanderfilet legen.
50 g Butterschmalz	in einer Pfanne heiß werden lassen und den Zander auf der Kartoffelseite anbraten, bis er goldgelb ist, dann wenden und langsam in der Pfanne fertig garen.
50 g Butter	in einem Topf erhitzen.
100 g Schalotten	fein schneiden und darin glasig andünsten. Mit
500 ml Rotwein	sowie
250 ml Portwein	auffüllen und dann kochend auf 100 ml einreduzieren. Die Sauce mit
50 g kalte Butter	aufschlagen.
1 l Wasser	mit
1 TL Salz	aufkochen lassen.
100 g grüne Linsen	darin blanchieren.
50 g Gemüse (Karotten, Porree, Sellerie)	in kleine Würfel schneiden und ebenfalls kurz blanchieren.
100 ml Fischfond	mit den Linsen mischen, mit
Salz	und
Champagner-Essig	abschmecken. Die Gemüsewürfel dazugeben.
1 EL Schnittlauch	und
3 EL Sahne	unterheben. Den Fisch mit den Rotweinschalotten und dem Gemüse anrichten.

135

Chefkoch Michael Hohmann

Schlesische Pfefferkuchentunke

Dieses Gericht wurde vorzugsweise am Heiligabend gereicht.

500 g Räucherfisch	mit
1 l Wasser	zum Kochen bringen.
1 Zwiebel	und
1 Lorbeerblatt	nach etwa 30 Minuten dazugeben.
8 Möhren	sowie
1 Pastinake	
1 Knolle Sellerie	waschen, grob zerkleinern und dazugeben.
1 TL Salz	und
500 ml Malzbier	hinzufügen und weitere 30 Minuten köcheln lassen. Die fertige Brühe durch ein Sieb gießen.
1 Pfefferkuchen	zerbröseln und in den Sud geben.
200 g Rosinen	dazugeben und zusammen nochmals aufkochen. Bitte ständig rühren, da es leicht anbrennt.

136

Dazu gibt es Sauerkraut, Schinkenwurst und Brot.

Sommer an der Elbe

Fischfilet auf Möhren mit Pesto-Sahne

1 kg Möhren	schälen, waschen und in dünne Scheiben schneiden.
2 EL Butter oder Margarine	zerlassen und die Möhren im heißen Fett andünsten. Mit
Salz, Zucker, Pfeffer (weiß)	würzen.
5 EL Wasser	zugeben, zugedeckt etwa 5 Minuten dünsten. Die Möhren in einen flachen Bräter oder eine Auflaufform geben.
750 g Fischfilet (z.B. Kabeljau)	waschen, trocken tupfen und in 4 Streifen schneiden. Mit
2 EL Zitronensaft	beträufeln. Die Filetstreifen auf die Möhren legen. Mit
Salz, Pfeffer	würzen.
3 EL Pesto	darauf verteilen.
3 Scheiben Toastbrot	fein zerbröseln und über den Fisch streuen.
125 ml Sahne	darübergießen. Im vorgeheizten Backofen bei 175 °C (Umluft) etwa 25 Minuten backen. Mit
Basilikum (klein gehackt)	garnieren.

137

Dazu passen Salzkartoffeln oder Baguette.

Bütlinger »Büttelklütt«

50 g Margarine	mit
75 g Zucker	
3 Eier	und etwas
Salz	schaumig schlagen.
500 g Mehl	sowie
3 Tropfen Backöl Zitrone	
1 Pck. Backpulver	und
250 ml Milch	dazugeben, zu einem Rührteig verarbeiten. Je nach Geschmack
75 g Rosinen oder Dörrpflaumen	unterheben. Den Teig in ein Leinentuch füllen, das Tuch zubinden und in einen großen Topf mit kochendem Wasser geben. Etwa 2 Stunden köcheln lassen.

Die Fans der herzhaften Variante essen dazu Sauerkraut und Kasseler, die süßen Genießer servieren dazu Früchte, Säfte oder Vanillesauce.

Restaurant der Wassermühle Heiligenthal

Echemer Teufelsgurken

2,5 kg kleine Gurken	gründlich waschen und zwei- bis dreimal durchschneiden.
5 große Zwiebeln	pellen, grob schneiden und mit den Gurken in eine große Schüssel geben.
5 EL Salz	darüberstreuen und 3 bis 5 Stunden zugedeckt ziehen lassen, dann gut ausdrücken und abgießen. Aus
500 ml Essig	sowie
700 g Zucker	
2 geh. TL Dill	
je 1½ TL Pfeffer, Curry	und
2 EL Senfkörner	einen Sud kochen. Den Sud heiß über die Gurken gießen, gut vermengen und sofort in 12 bis 15 Marmeladengläser mit Schraubverschluss füllen, gut verschließen und 10 Minuten bei 80 °C einwecken.

139

Himmel und Erde

1 kg Kartoffeln	schälen und mit etwas
Salz	in ausreichend Wasser garen.
1 kg Äpfel	schälen und mit etwas
Zucker	garen. Mit den Kartoffeln mischen, stampfen und mit
250 ml Milch	sowie
50 g Butter	vermischen. Dann mit
Salz, Pfeffer, Muskat	abschmecken.
2 Zwiebeln	klein würfeln, mit
100 g durchwachsener Speck (gewürfelt)	anbraten. Mit
Zucker	sowie
Essig (nach Geschmack)	lieblich abschmecken und über das Gericht geben.

Hotel Wassermühle Heiligenthal

Grießnockeln mit Fliederbeersauce

500 ml Milch	mit
25 g Zucker	
1 Pck. Vanillezucker	und
1 TL Butter	aufkochen.
60 g Hartweizengrieß	dazugeben und 5 Minuten quellen lassen.
2 Eiweiß	steif schlagen und unter die Grießmasse heben, erkalten lassen und mit 2 Esslöffeln zu Nockeln formen.

Die Fliederbeersauce

1 l Holundersaft	mit
75 g Zucker	aufkochen.
½ Zitrone	auspressen und den Saft dazugeben.
2 EL Vanillepuddingpulver	in
20 ml Wasser	anrühren und zum Andicken unter den kochenden Holundersaft rühren.
250 g Äpfel	in kleine Stückchen schneiden und dazugeben. Die Sauce abkühlen lassen.

140

> *Die Nockeln gibt man kurz vor dem Servieren in die Sauce.*
> *Das Rezept ist ein Dessert oder eine Süßspeise für heiße Tage.*

Lüneburg am Stint

Lüneburgs junge Geschichte

Die Lüneburger Wirtschaft, die sich bis ins 17. Jahrhundert auf die Salzproduktion gründete, wurde nach deren Niedergang vor allem durch das Speditionswesen belebt. Im 19. Jahrhundert erhält Lüneburg Anschluss an die Eisenbahnstrecke Harburg-Hannover, zahlreiche Industrieunternehmen siedeln sich in der Stadt an, ihre Bedeutung als Verwaltungszentrum wächst. Der Bau des Elbe-Seitenkanals mit dazugehörigem Hafen und Industriegebiet und der Autobahn A250 beleben Lüneburgs Infrastruktur, in der Innenstadt entstehen große Fußgängerzonen.

Lange Zeit ist Lüneburg Garnisons- und Behördenstadt, heute wird nur noch eine der einstmals vier Kasernen als solche genutzt. Auf das Gelände der Scharnhorst-Kaserne zieht die Universität Lüneburg, die heute mehr als 8000 Studierende beherbergt.

Lüneburg ist eine der wenigen noch wachsenden Städte Niedersachsens und zählt derzeit rund 71 000 Einwohner. Die historische Salzstadt ist innovatives Oberzentrum, wirtschaftlicher Motor Nordostniedersachsens und profitiert von der Nähe zur Metropole Hamburg. Seit 2007 darf Lüneburg sich offiziell wieder Hansestadt nennen und hat sich gleichzeitig als Universitäts- und Einkaufsstadt einen Namen gemacht.

Quelle: Hansestadt Lüneburg

141

*Hotel Bergström
am Stint*

Klüten un Birn

1 kg Birnen	für die Birnensauce schälen, vierteln und in
1 l Wasser	garen. Mit
150 g Zucker	süßen.
50 g Speisestärke	mit
100 ml Wasser	anrühren und zum Andicken unter die kochenden Birnen rühren. Kühl stellen.

Die Klüten

500 g Kartoffeln	schälen, kochen, abgießen. Noch warm mit einem Stampfer und unter Zugabe von
60 g Butter	
200 ml Milch	
2 Eier	sowie
350 g Mehl	zu einem Kartoffelteig verarbeiten. Dann mit 2 Esslöffeln kleine Klöße formen und in
1,5 l kochendes Salzwasser	geben. Garen, bis die Klöße an der Oberfläche schwimmen. Die Klöße herausnehmen und erkalten lassen.
50 g Butter	in einer Pfanne erhitzen. Die Klöße halbieren und im heißen Fett knusprig braten.

142

> *Die Klüten mit der kalten Birnensauce reichen und mit einer Zucker-Zimt-Mischung bestreuen.*

Dorfplatz in Dachtmissen

Männliche Kochkunst

*Von Jens Wischmann, Kreislandwirt und Bauernverbandsvorsitzender
des Landkreises Lüneburg*

Da ich selbst nicht – oder fast gar nicht koche, habe ich einst im Scherz zu meiner Nachbarin gesagt: »Ich kann auch etwas kochen – Strammer Max!« Nach einer Feier ist es bei uns üblich gemeinsam Eier zu braten. Irgendwann kam mein Tag, ich sollte nach einer Feier Strammer Max »kochen«. Ich wollte dem Ei etwas mehr Würze geben und bin dann, nach zahlreichen Gewürz-Experimenten auf den Oregano gekommen. Dieser nächtliche, gut gewürzte Stramme Max mit Oregano-Ei und etwas mehr Salz kam sehr gut bei den Gästen an. Meine Rezeptempfehlung ist besonders schmackhaft in geselliger nächtlicher Runde nach einer Feier:

Strammer Max

mit Oregano-Ei an saurer Gurke (für 1 Person)

143

2 Eier	in einer Pfanne mit
10 g Margarine	braten und mit
Salz, Pfeffer aus der Mühle	
1 Prise Curry	und
1 EL Oregano (frisch oder getrocknet)	würzen.
1 Scheibe Schwarzbrot	mit
10 g Butter	bestreichen.
2 Scheiben geräucherter Schinken	auf das Schwarzbrot legen und die fertigen Spiegeleier darüberlegen.
1 saure Gurke	in Scheiben schneiden, als Beigabe an das Brot legen. Den Tellerrand abschließend mit
1 EL Kresse	garnieren.

Strammer Max mit Dekoration

Rosengelee mit Sekt

10 rote Duftrosen	Blütenblätter abzupfen und mit
500 ml Sekt	und
500 ml Wasser	in ein Gefäß geben. Etwa 12 Stunden (dunkel stehend) ziehen lassen.
80 ml Zitronensaft	zur Mischung geben, langsam erhitzen und 10 Minuten ziehen lassen. Dann durch ein Tuch in einen großen Topf gießen.
1 kg Gelierzucker (1:1)	mit dem Rosensekt vermischen und 5 Minuten sprudelnd kochen lassen. In kleine Gläser heiß abfüllen und sofort verschließen.

Mit einem hübschen Etikett und einer Rosenserviette über den Deckel gebunden, ist das Gelee ein besonders nettes Geschenk.

144

Lüneburg – die Stadt der »Roten Rosen«

Seit 2006 ist Lüneburg Drehort für die beliebte ARD-Telenovela »Rote Rosen«. Die über 1050-jährige Stadt wurde bewusst als Schauplatz ausgesucht: Kaum eine deutsche Stadt verbindet Romantik, junges Leben und historische Atmosphäre passend zur Serie besser miteinander.

Längst ist Lüneburg mit der Telenovela verwachsen – wer durch die Stadt spaziert, kann mitunter Dreharbeiten direkt erleben. Das Filmhotel »Drei Könige« ist in Wirklichkeit das Hotel Bergström und liegt – wie könnte es anders sein – mitten im romantischen Hafen.

Wer auf den Spuren der »Roten Rosen« wandeln und die Originaldrehplätze kennen lernen will, kann zwischen diversen Angeboten wählen. Während einer zweistündigen »Rote Rosen-Stadtführung« besuchen Sie ausgewählte Außendrehorte in der Lüneburger Innenstadt. Fans der Serie werden sicherlich viele bekannte Aus- und Einblicke entdecken.

Quelle: Hansestadt Lüneburg

Rote Rosen – ein Gruß aus Lüneburg

Zitronengelee mit Rosmarin

600 ml Zitronensaft	mit
150 ml Wasser	auffüllen und mit
1 kg Gelierzucker (1:1)	mischen.
1 Rosmarinzweig	gründlich waschen und dazugeben. Aufkochen und genau 4 Minuten sprudelnd kochen lassen. Den Rosmarinzweig entfernen und das heiße Gelee randvoll in gründlich gesäuberte Twist-off-Gläser füllen. Die Gläser für mindestens 5 Minuten auf den Deckel stellen und abkühlen lassen.

145

Der Stint in Lüneburg im Sommer

Dekorierter Leiterwagen

Löwenzahnhonig

40 Löwenzahnblüten	waschen und verlesen. In einem Topf mit etwa
500 ml Wasser	bedecken und langsam zum Kochen bringen. Den Sud durch einen Kaffeefilter geben. 500 ml Löwenzahnsud abmessen und
1 kg Zucker	dazugeben.
1 EL Zitronenschale	sowie
2 TL Zitronensäure	hinzufügen, solange durchkochen, bis der Saft eindickt. Noch heiß in Gläser abfüllen.

Lecker auf dem Frühstücksbrot oder im Tee.

Neetze mit Hochwasser

Wildkraut Löwenzahn

Quittenbrot

1 kg Quitten	waschen, abreiben, in Achtel schneiden und in
1,5 l Wasser	weich kochen. Die gekochten Quitten durch ein Sieb streichen. Das Quittenmark mit
3 kg Zucker	so lange kochen, bis es sich vom Topf löst. Die Quittenmasse etwa 1,5 bis 2 cm dick auf Backofenbleche streichen und einen Tag trocknen lassen. Die getrocknete Quittenmasse in kleine Vierecke schneiden und in
Hagelzucker	wälzen. Etwas nachtrocknen lassen. In einer gut verschlossenen Dose aufbewahren.

Die Quittenmasse kann auch im Backofen nachgetrocknet werden.

Tomatenbegräbnis *(für 1 Person)*

Rezept aus unserem Protokollbuch des LandFrauenvereins Artlenburg/Avendorf von 1949

1 Weißbrotscheibe	in
1 EL Butter	rösten.
100 g Schinken (roh oder gekocht)	würfeln und das Brot damit belegen.
1 Tomate	in Scheiben schneiden und mit
½ Zwiebel (gehackt)	auf den Schinken geben. Mit
Salz, Pfeffer	würzen.
1 Spiegelei	obendrauf setzen.

Vogelbeeren

Sol-Eier

Ursprünglich wurden die Eier, die die Hühner während der Fastenzeit gelegt hatten, in Salzlake eingelegt, um sie haltbarer zu machen. Erst zu Ostern wurden sie verzehrt.

12 Eier	hart kochen und anschlagen, damit die Schale kleine Risse bekommt. Die Eier in ein großes Steingut- oder Glasgefäß legen.
1 l Wasser	mit
60 g Salz, 1 TL Zucker	sowie
1 TL Kümmel	
1 TL schwarze Pfefferkörner	
3 Pimentkörner	
1 Lorbeerblatt	und der
Schale von 1 kleine Zwiebel	aufkochen, bis sich das Salz aufgelöst hat. Den Sud etwas abkühlen lassen und noch warm über die Eier gießen. 2 bis 3 Tage im Kühlschrank ziehen lassen. Zum Servieren die Eier pellen, halbieren und das Eigelb vorsichtig herausnehmen. In die Eigelb-Mulde je nach Geschmack
Salz, Pfeffer	
Senf oder Gewürz-Öl	geben und das Eigelb mit der runden Seite nach oben wieder draufsetzen.

148

> *Durch die Risse in der Schale ziehen etwas Salz und das Aroma der Gewürze ins Ei. Die braune Farbe der Zwiebelschale zeichnet sich wie ein Marmormuster auf den Eiern ab.*

Soleier in Bearbeitung

Ei im Topf

	Ein Einweckglas (etwa 80 ml) innen mit
Butter	und
Senf	ausstreichen.
1 Gewürzgurke	sowie
1 Tomate	sehr klein würfeln, die Hälfte davon in das Einweckglas füllen.
1 TL Schinkenwürfel	darüberstreuen.
1 Ei	aufschlagen und ins Glas füllen. Mit
Salz, Pfeffer	würzen. Den Rest Gurke und Tomate sowie
1 TL Schinkenwürfel	auf das Ei geben. Das Glas sollte nun randvoll sein. Das Glas fest verschließen und 10 Minuten im Wasserbad köcheln lassen.

Das etwas andere Frühstück.

149

Giebelreihe in Lüneburg

Spaziergang um den Lopausee

Von Jörgen Nielsen

Es gibt nichts Besseres als den schattigen Uferweg des Lopausees an einem sonnigen Tag im Mai. Natürlich kann man dieses und jenes auch genießen – ich erspare Euch Beispiele – aber der schattige Uferweg ist einfach nicht zu überbieten. Voraussetzung für den vollendeten Genuss sind Ausgeglichenheit und Ruhe. Man erlangt beides, wenn man nicht gleich losstürzt, sondern sich erst einmal in den Garten des Cafés setzt, Kaffee trinkt und eine Kugel Eis isst oder ein Stück Erdbeerkuchen genießt.

Danach steht man langsam auf und spürt gleich den Südwind, der ein zuverlässig kühlender Begleiter auf der kleinen Uferwanderung sein wird. Dreißig Schritte durch das zurückgeschnittene Unterholz, dann hat man den Uferweg erreicht und muss sich für links oder rechts entscheiden. Bei umsichtiger Beobachtung des Windes und der Wellen und bei kluger Einbeziehung des genauen Uferverlaufs kann man sich die Annehmlichkeit des Rückenwinds verschaffen und den Gegenwind auf ein Minimum begrenzen.

Wanderweg um den Lopausee bei Amelinghausen

Der Boden ist so weich und die Luft so sauber, dass man eher schwebt als geht ... total mühelos. Das von den bewegten Blättern ständig wechselnde Sonnenspiel auf dem Boden sorgt dafür, dass kein Augenblick ist wie der andere. Erinnerungen fliegen heran und Hoffnungen. Das friedfertige Entenpaar begleitet uns ein Stück und ahnt nicht, wie sehr wir die anrührende Unbeholfenheit seines Gangs und den Glanz des Gefieders bewundern. Man verspürt Lust, die Enten zu Lieblingstieren zu erklären.

Am Nordufer grüßt das Gelb der ersten Schwertlilien und ganz in der Nähe macht einer der jungen Haubentaucher seine Unterwasser-Übungen. Lautlos durchstoßen die Rückenflossen großer Fische die Oberfläche des Wassers und schicken Wellenkreise über den See. Bei günstigem Lichteinfall erkennen wir die dunklen Körper und verfolgen eine Zeit lang ihre Bahn. An der baumlosen Strecke am Wehr übernimmt eine weiße Wolke die Aufgabe des Blätterdachs und spendet Schatten. Noch fünf Minuten Rast auf der Bank mit dem weiten Blick und dann das allerletzte und schönste Wegstück: der lichte, grüne Tunnel mit dem unmerklichen Gefälle und den weißen Sternmieren am Rand. Schade ... unser Uferspaziergang ist schon zu Ende.

 151

Enten auf dem Lopausee

Eistorte

1 l Sahne	steif schlagen.
100 g Baiser	zerkrümeln und mit
100 g gehackte Mandeln	
100 g Raspelschokolade	
1 Pck. Vanillezucker	sowie
3 EL Rum	unter die geschlagene Sahne heben. Den Tortenring auf eine Tortenplatte stellen und die Masse hineingeben, etwa 24 Stunden einfrieren. Vor dem Servieren rund 1 Stunde antauen lassen.

Grießauflauf

1 l Milch	mit
150 g Grieß	aufkochen und kalt werden lassen.
2 EL Butter	mit
75 g Zucker	sowie
2 Eigelb	schaumig schlagen und unter den kalten Grieß rühren.
2 Eiweiß	steif schlagen und unter die Grießmasse heben.
2 Äpfel	schälen, in Scheiben schneiden und mit
100 g Rosinen	in eine gefettete Auflaufform legen. Die Grießmasse darübergeben und bei 150 °C etwa 45 Minuten backen.

Dazu Himbeersaft oder Himbeersirup reichen.

Frühlingsprimel

Apfel-Baiserschaum

500 ml Milch	mit
40 g Zucker	
1 Prise Salz	und dem Mark von
1 Vanillestange	aufkochen.
40 g Speisestärke	mit
2 Eigelb	sowie
50 ml Milch	anrühren und in die heiße Vanillemilch geben. Kurz aufkochen und dann abkühlen lassen.
2 Äpfel	raspeln.
50 g Baiser	zerkrümeln.
200 ml Sahne	steif schlagen. Apfelraspel, Baiser und Sahne unter die Vanille-Creme heben.
30 g gehackte Mandeln	mit
20 g Zucker	anrösten, abkühlen lassen und über das fertige Dessert streuen.

153

Erdbeer-Tiramisu

650 g Erdbeeren	waschen und putzen, davon etwa 150 g Erdbeeren im Mixer mit
1 Pck. Vanillezucker	und
3 cl Orangenlikör (Cointreau)	pürieren.
1 kg Mascarpone	mit
1 Eigelb	und
100 g Zucker	glatt rühren. In eine Auflaufform eine dünne Schicht Mascarpone streichen. Die Form dann mit
Löffelbiskuits	auslegen. Etwa drei Viertel der pürierten Erdbeeren darüber verteilen und etwas einziehen lassen. Nun wieder eine dünne Schicht Mascarpone vorsichtig darüber verstreichen. Die übrigen 500 g Erdbeeren halbieren oder vierteln und auf der Mascaponeschicht verteilen. Mit dem restlichen Mascarpone bedecken und für mindestens 12 Stunden in den Kühlschrank stellen. Vor dem Servieren mit
Minzblättchen	und
30 g Pinienkerne (geröstet) oder 30 g Pistazienkerne	bestreuen und mit dem restlichen Erdbeerpüree verzieren.

154

Schlehenwackelpudding

1 l Schlehensaft	nach dem Rezept S. 194 herstellen. Mit
250 g Zucker	mischen und aufkochen lassen.
12 Blatt weiße Gelatine	nach Packungsanweisung einweichen und anschließend in die heiße Flüssigkeit einrühren. In Dessertschalen füllen und fest werden lassen.

Erdbeeren am Strauch

Zitronen-Buttermilchcreme mit Holundersauce

5 Blatt weiße Gelatine	in kaltem Wasser 10 Minuten einweichen.
1 EL fein abgeriebene Zitronenschale	mit
2 EL Zitronensaft	und
130 g Puderzucker	aufkochen, die ausgedrückte Gelatine darin auflösen und leicht abkühlen lassen.
150 ml Sahne	mit
1 Pck. Vanillezucker	steif schlagen.
200 ml Buttermilch	und
200 g Quark (20 % Fett)	zusammen glatt rühren, den Zitronensirup unterrühren und die geschlagene Sahne unterheben. Portionsförmchen mit kaltem Wasser ausspülen und die Creme einfüllen, zugedeckt im Kühlschrank mindestens 5 Stunden gelieren lassen.
250 ml Holundersaft	mit
4 EL Zucker	aufkochen.
1 EL Speisestärke	mit
3 EL kaltes Wasser	glatt rühren und den kochenden Saft damit binden. Nun abkühlen lassen und zur Creme servieren.

155

Das cremig-sahnige Dessert lässt sich prima am Tag vorher zubereiten.

Margeriten

Bienen – meine späte Liebe

Von Gertrud Müller

Lüdersburg – ein schöner Golfplatz, die Feuerwehr, einmal im Monat Seniorenkaffee, aber kein geregelter Busanschluss – nicht gerade ein üppiges Unterhaltungsangebot. Da wurde in der Landeszeitung ein Imkerkurs für Anfänger angeboten. Daran wollten meine Nachbarbuben teilnehmen. Doch wie kommen sie nachmittags nach Lüneburg? »Wer fährt?«, lautete die übliche Frage. So kam es, dass ich den Fahrdienst übernehmen sollte.

Ich rief Ludwig Schwab an, er würde den Kurs leiten und ich fragte: »Kann ich auch am Kurs teilnehmen?« Die Antwort kam schnell: »Ja.« »Ich bin aber schon über 70 Jahre alt.« Ludwig Schwab meinte: »Das macht nichts. Komm ruhig mit.« ... Bereits im Herbst hatte ich dann einen Ableger* herangezogen und war Jungimkerin mit Urkunde! Seither koche ich nicht nur mit Honig, sondern bin voller Bewunderung für mein Bienenvolk, das auf meiner Terrasse steht.

156

Je nach Jahreszeit blühen verschiedene Pflanzen, die Pollenhöschen der Bienen haben somit verschiedene Farben, von grau, gelb, blau bis leuchtend rot. Die Jungbienen tanzen vor dem Flugloch, die Arbeiterinnen kommen auf kürzestem Wege angeschossen und sind ganz harmlos bei schönem Wetter. Doch die Aufpasserinnen kommen wild brummend und stechen mich auch manchmal, wenn ich die Beute zur falschen Zeit öffne. Es ist immer was los und trifft man auf einen Imker, kann man sich stundenlang unterhalten ... kaum einer der keine Weisheiten anzubieten hat.

* Der Imker teilt ein Bienenvolk, bevor es in Schwarmstimmung kommt. Er bildet einen Ableger.

Biene auf der Regentonne

Quarkcreme mit Balsamico-Heidelbeeren

1 Vanillestange	längs aufschneiden und das Mark ausschaben. Das Mark mit
250 g Quark (40 % Fett)	und
30 g Zucker	kräftig verrühren.
150 ml Sahne	steif schlagen und unter die Quarkmasse heben. Die Quarkcreme in Schälchen verteilen und kalt stellen.
100 g TK-Heidelbeeren	auftauen und den Saft auffangen.
1 EL Butter	und
10 g Zucker	zergehen lassen. Die abgetropften Heidelbeeren zugeben und garen. Den Fruchtsaft und
1 – 2 EL Balsamico-Essig	zugeben und leicht köcheln. Abkühlen lassen. Vor dem Servieren die Heidelbeersauce auf die Quarkcreme geben.

157

Abendstimmung am Reihersee

Magnolie

Himbeertraum

500 g TK-Himbeeren	in eine Schüssel geben und mit
2 Pck. Vanillezucker	bestreuen.
400 ml Sahne	schlagen und
400 g Joghurt	unterheben. Die Sahne-Joghurt-Mischung auf die Himbeeren geben. Etwa 1½ Stunden vor dem Servieren dick mit
Rohrzucker oder brauner Zucker	bestreuen.

Johannisbeercreme

500 g Johannisbeeren	mit
1 Pck. Vanillezucker	
250 g Zucker	und
200 ml Rotwein	aufkochen. Dann die Masse durch ein Sieb streichen.
6 Blatt weiße Gelatine	und
2 Blatt rote Gelatine	in etwas Wasser einweichen. Die eingeweichte Gelatine ausdrücken und in der Johannisbeermasse unter Rühren auflösen. Abkühlen lassen.
400 ml Sahne	schlagen und etwa drei Viertel der Sahne unter die erkaltete Creme heben. Mit der restlichen Sahne die Creme garnieren.

Das Heinrich Heine Haus in Lüneburg

Lüneburger Kuchenspeise

	Eine Auflaufform mit
20 g Butter	gut einfetten.
250 g Kuchenreste oder Zwieback	sowie
65 g Zitronat	in Würfel schneiden. Mit
125 g Rosinen	schichtweise in die Auflaufform füllen.
750 ml Milch	mit
2 Eier	sowie
125 g Zucker	
1 Pck. Vanillezucker	und der abgeriebenen Schale von
1 Zitrone	verrühren und über die Kuchenreste gießen. Die Kuchenspeise etwa 1 bis 1½ Stunden bei 160 °C backen.

Dazu schmeckt Vanillesauce (Rezept S. 160).

159

Mit der Kutsche durch Lüneburg

Rote Apfelspeise mit Vanillesauce

1 kg Apfelmus	mit
250 ml roter Fruchtsaft	und
Zucker (nach Geschmack)	verrühren.
75 g Rosinen	sowie
50 g gehackte Mandeln	dazugeben.
12 Blatt rote Gelatine	10 Minuten in kaltem Wasser einweichen. Die eingeweichte Gelatine nach Packungsanweisung verarbeiten, unter die rote Apfel-Speise rühren und kalt stellen.

Die Vanillesauce

200 ml Milch	mit dem Mark von
1 Vanillestange	aufkochen.
1 Prise Salz	und
50 g Zucker	einrühren.
50 g Speisestärke	mit
50 ml Milch	anrühren, dazugeben und einmal aufkochen lassen. Dabei immer rühren, so dass sich keine Haut bildet.

160

Die Vanillesauce warm oder kalt mit der roten Apfelspeise servieren.

Schwalben im Stall

Welfenpudding

3 Eiweiß	zu einem steifen Eischnee aufschlagen.
500 ml Milch	mit
1 Vanilleschote	sowie
1 Prise Salz	und
40 g Zucker	zum Kochen bringen. Die Vanilleschote anschließend wieder herausnehmen.
40 g Speisestärke	mit
4 EL Milch	verrühren und in die kochende Milch geben. Etwa 1 Minute unter Rühren weiterkochen, dann vom Herd nehmen und sofort den Eischnee unterheben. In einer Glasschüssel erkalten lassen.
3 Eigelb	sowie
80 g Zucker	in einem hitzebeständigen Topf oder einer Schale schaumig rühren.
1 TL Speisestärke	mit
1 EL Zitronensaft	glatt verrühren, mit
250 ml Weißwein	vermischen und in die Eigelbmasse geben. Im heißen Wasserbad alles zusammen schaumig aufschlagen, bis die Speisestärke bindet. Etwas abkühlen lassen und als Schicht auf den weißen Pudding gießen. Vollständig erkalten lassen und ohne weitere Dekoration servieren.

161

> *Gelb und weiß sind die Farben des Hannoverschen Geschlechtes der Welfen.*

Letzte Stachelbeeren

Unsere Kirche Deutsch Evern

Vom Kirchenvorstand der Martinus-Kirchengemeinde

Die Martinuskirche Deutsch Evern ist eine ganz besondere Kirche. Ursprünglich war das Gebäude ein Bauernhaus. Im Jahre 1665 erbauten Hans Heitmanns und Anna Meyers ihr neues Bauernhaus als Zweiständerhaus auf dem Hof Nr. 1 in Deutsch Evern. Über 300 Jahre hat das Haus ohne große Schäden an Ort und Stelle gestanden. Doch in den 1980er Jahren drohte das alte Gebäude dann endgültig zu verfallen.

Zeitgleich entstand in der jungen, eigenständig werdenden Kirchengemeinde der Wunsch, neben dem im November 1982 eingeweihten Pfarrhaus samt Konfirmandensaal, eine eigene Kirche zu errichten. Zu diesem Zweck wurde 1985 ein Kirchbauverein gegründet. So kam es, dass die Kirchengemeinde das alte Haus 1987 kaufte und es in etwa 300 Meter Entfernung auf dem Hengstberg, in direkter Nachbarschaft zum Pfarrhaus, als Martinuskirche wieder aufbaute. Initiator und Ideengeber war, zusammen mit dem Kirchenvorstand, der damalige Pastor Christian Schnabel.

Beim Wiederaufbau haben viele Kirchenmitglieder monatelang ehrenamtlich geholfen. Etwa 80 Prozent der alten Holzteile und alle Steine aus den Gefachen konnten

162

Die Kirche in Deutsch Evern

wieder verwendet werden. Die alten Baustrukturen sind gut sichtbar erhalten geblieben, so ist in der früheren Deel (Diele) viel Platz für die Gemeinde. An der ehemaligen Feuerstelle befindet sich der von Künstler Friedrich Press gestaltete Altarraum.

Das theologische Thema des Altarbereiches lautet: »Gesetz und Evangelium«. So schuf Friedrich Press, neben der Gesetzestafel mit den zehn Geboten, Symbole für die vier Evangelisten. Der Mensch steht für Matthäus, der Löwe deutet auf Markus hin, der Stier symbolisiert Lukas und der Adler weist auf Johannes hin. Christus wird in Form einer großen Eichenholzstele mit vergoldeter Dornenkrone und Fingerzeig auf seine Herzwunde dargestellt. An der Fachwerkwand hinter der Christusstele hängt das Kreuz schräg als Zeichen, dass Christus alles Leiden überwunden hat und auferstanden ist.

Ein Schmuckstück der Innenausstattung ist der barocke Taufstein aus dem Jahr 1685. Er ist eine Dauerleihgabe der St. Johannis Kirchengemeinde Lüneburg und stammt aus der 1860/1861 abgerissenen Lüneburger Lambertikirche. Auf dem Deckel sind Jesus und Johannes der Täufer als Knaben mit der Weltkugel dargestellt. Ihren Namen verdanken Kirche und Gemeinde dem heiligen Martin von Tours und dem Reformator Martin Luther.

163

Blick in den Altarraum

Friesisches Tiramisu mit Roter Grütze

200 g Löffelbiskuits	in eine Auflaufform legen. Mit reichlich
Eierlikör	tränken.
200 g Schmand	mit
1 EL Gelierzucker	aufschlagen.
200 ml Sahne	aufschlagen und unter den Schmand rühren. Die Schmand-Sahne auf die Löffelbiskuits streichen, mit Alufolie abdecken und kühl stellen.

Die Rote Grütze (500 g)

400 g roter Fruchtsaft	mit etwa
50 g Zucker	aufkochen.
60 g Sago	in den kochenden Saft streuen. 20 Minuten leicht köcheln lassen, bis das Sago glasig ist, dabei regelmäßig umrühren.
100 g Beerenfrüchte (TK oder frisch)	unter die etwas abgekühlte Grütze mischen und kalt werden lassen.

164

Vor dem Servieren die Rote Grütze auf der Schmand-Sahne verteilen.

Schneemänner im Schnee

Barskamp im Winter

Schaumige Zitronencreme

3 Eier	mit
125 g Zucker	und
1 TL abgeriebene Zitronenschale	mit dem Handrührgerät auf Stufe II etwa 5 Minuten schaumig aufschlagen.
4 Blatt weiße Gelatine	nach Packungsanweisung einweichen und mit
4 EL Wasser	auflösen. Zusammen mit
80 ml Zitronensaft	in die Schaummasse einrühren. Wenn diese zu gelieren beginnt,
250 ml Sahne	steif schlagen und die dickliche Creme löffelweise vorsichtig unter die Sahne heben. In Schalen oder Kelche füllen und im Kühlschrank fest werden lassen.

165

Elbe im Winter

Deko-Fisch

Herzhafte Krapfen

500 ml Wasser	mit
120 g Margarine	und
2 Prisen Salz	zum Kochen bringen.
250 g Mehl	mit
1 TL Backpulver	vermischen, auf einmal in den Topf schütten und rühren, bis sich der Kloß vom Boden löst.
4 Eier	nach und nach unterrühren.
200 g gekochter Schinken (gewürfelt)	mit
100 g geriebener Käse	und
60 g gehackte Mandeln	unterheben. Mit 2 Teelöffeln kleine Bällchen auf mit Backpapier ausgelegte Bleche setzen und bei 220 °C etwa 30 Minuten backen.

Wassermühle Wennekath

Käse-Hack-Schnecken (etwa 18 Stück)

300 g Mehl (Type 1050)	mit
1 Pck. Backpulver	vermischen und mit
6 EL Milch	
6 EL Öl	
150 g Quark	sowie
1 Prise Salz	zu einem Quark-Öl-Teig verarbeiten. 30 Minuten kalt stellen. Den Teig auf eine Größe von 30 x 40 cm ausrollen.
1 Brötchen (vom Vortag)	einweichen und ausdrücken, mit
350 g gemischtes Hackfleisch	und
1 Ei	zu einem Teig verkneten.
2 Zwiebeln	klein hacken, in
10 g Butter	glasig dünsten und abkühlen lassen. Danach in den Hackfleischteig geben und mit
Salz, Pfeffer	sowie
1 EL Schnittlauch	
1 EL Petersilie	vermischen und abschmecken. Das Hackfleisch gleichmäßig auf dem ausgerollten Teig verteilen.
300 g Käse	reiben und darüberstreuen. Den Teig von der langen Seite her aufrollen und etwa 2 cm dicke Scheiben abschneiden. Diese 25 bis 30 Minuten bei 160 °C (Umluft) backen oder bei 175 °C Ober-/Unterhitze.

167

Schmeckt auch kalt zu Wein oder Bier als Fingerfood und lässt sich prima vorbereiten. Die fertigen Schnecken können Sie auch einfrieren.

Hinweisschild für die Mühlenstraße

Roggen-Sauerteig-Brot

Für das erste Brot muss man einen Säuerling herstellen.

Der Säuerling am 1. Tag

100 g Roggenmehl	mit
100 ml Wasser	vermischen und 1 Tag zugedeckt stehen lassen.

Der Säuerling am 2. Tag

	Nochmals
100 g Roggenmehl	und
100 ml Wasser	hinzufügen und einen weiteren Tag zugedeckt stehen lassen.

Der Säuerling am 3. Tag

	Zum letzten Mal
100 g Roggenmehl	und
100 ml Wasser	hinzufügen und einen 3. Tag zugedeckt stehen lassen.

168

2. Platz beim Erntekronenwettbewerb für die LandFrauen aus Kirchgellersen

Roggenernte wie anno dazumal

Der Säuerling am 4. Tag	Nun ist der Säuerling fertig für das erste Brot. Den Säuerling mit
700 g Roggenmehl	und
400 ml Wasser	vermischen und etwa 8 Stunden stehen lassen. Danach nimmt man etwa 300 g Teig ab, füllt ihn in eine verschließbare Dose und stellt ihn kalt. Es ist der Säuerling für das nächste Brot.
1 Würfel Hefe	mit
300 ml Wasser	und
100 g Weizenmehl	verrühren und etwas gehen lassen, dann zu dem Rest Roggenmehlteig geben. Mit
500 g Weizenmehl	und
2 EL Salz	gut verkneten. Der Teig sollte fest sein, andernfalls noch etwas Mehl hinzugeben. Mindestens 1 Stunde gehen lassen – der Teig wird um die Hälfte größer.
Das Brot	Den Teig nochmals kräftig durchkneten und eine längliche Rolle formen. Auf ein bemehltes Backblech legen und in den kalten Backofen schieben. Bei 200 °C (Ober- und Unterhitze) 70 Minuten backen.

169

Frühjahrsbestellung

Kirchenschmuck

Kräuter-Kartoffel-Fladenbrot

250 g Kartoffeln	kochen, abkühlen lassen, pellen und durch eine Kartoffelpresse drücken. Dann
300 g Dinkelvollkornmehl	sowie
200 g Weizenmehl	
1 Pck. Trockenhefe oder Frischhefe	
250 ml lauwarmes Wasser	
2 TL Salz	
1 Prise Zucker	
Pfeffer	
Rosmarin, Thymian, Majoran	und
Knoblauch (frisch gepresst)	dazugeben und alle Zutaten mit dem Knethaken zu einem Hefeteig verrühren. An einem warmen Ort etwa 30 Minuten gehen lassen.
100 g Oliven	klein schneiden und in den Teig kneten. 2 Teig-Kugeln formen und jeweils auf einem mit Backpapier belegten Backblech flach ausrollen, zugedeckt nochmals 30 Minuten gehen lassen. Mit
3 EL Olivenöl	beträufeln und bei 180 °C etwa 25 Minuten backen.

Klostergarten Lüne

Das Kloster Lüne

Das Kloster Lüne zählt zu den schönsten und ältesten Sehenswürdigkeiten der historischen Salz- und Hansestadt Lüneburg. Nur eine Viertelstunde Fußweg vom Zentrum entfernt findet der Besucher den noch heute erhaltenen mittelalterlichen Komplex, eingebettet in weitläufige Gartenanlagen.

Um 1170 bot sich einer kleinen Gruppe frommer Frauen an diesem Ort die Möglichkeit zur Gründung einer Klostergemeinschaft. 100 Jahre später ist belegt, dass der Konvent nach der Regel des heiligen Benedikt lebte. Nach einem verheerenden Brand 1372 wurde das Kloster – wie damals üblich in Backstein – neu errichtet und in den folgenden Jahrhunderten durch eine Vielzahl anderer Gebäude erweitert.

Viele wertvolle Kunstschätze aus den Jahrhunderten haben sich hier erhalten und stoßen auf das Interesse zahlreicher Besucher von nah und fern. Besonders erwähnenswert sind die Eingangshalle mit dem gotischen Brunnen, der Winter-Remter mit seinen freigelegten Wandmalereien, der Kreuzgang mit farbigen Glasfenstern und den Taustab- und Birnstabrippengewölben sowie der Kapitelsaal mit den Gemälden der Äbtissinnen und dem Äbtissinnenthron.

171

Weiterhin kann man das Museum besuchen, ein Neubau, der sich dem historischen Gebäudekomplex optimal anpasst und durch einen überdachten Gang mit ihm verbunden ist. Hier werden textile Kostbarkeiten aus sechs Jahrhunderten für die Zukunft bewahrt.

Seit der Reformationszeit lebt im Kloster ein evangelischer Konvent, dem eine Äbtissin vorsteht, in einer Glaubens-, Arbeits- und Lebensgemeinschaft. Das Kloster Lüne ist heute eine selbstständige Körperschaft des öffentlichen Rechts, die auf vielfältige Weise von der Klosterkammer Hannover unterstützt wird. Diese hat die seit der Reformation beim jeweiligen Landesherrn liegende Leistungsverpflichtung vom Land Niedersachsen übertragen bekommen.

Quelle: Flyer Kloster Lüne

Historischer Brunnen im Kloster

Sauerkrautbrötchen *(30 bis 40 Stück)*

1 kg Mehl (Type 550)	in eine Schüssel geben und eine Mulde formen.
2 TL Salz	an den Rand streuen.
2 Würfel Hefe (à 42 g)	in die Mulde krümeln.
1 gestr. TL Zucker	auf die Hefe geben.
250 ml Wasser (heiß)	mit
250 ml Milch (kalt)	mischen, etwas davon auf die Hefe geben und verrühren. Wenn die Hefemilch Blasen wirft und sich etwa verdoppelt hat, den Rest Milch/Wasser und
6 EL Speiseöl	auf den Rand geben. Alles zusammen zu einem Hefeteig verkneten. Den Teig zugedeckt 1 Stunde gehen lassen. Zwischenzeitlich
250 g Speck (durchwachsen)	fein würfeln.
2 große Zwiebeln	würfeln und beides zusammen anbraten.
500 g Sauerkraut	ausdrücken, das Sauerkraut klein schneiden und alle Zutaten mit dem Hefeteig vermengen. 30 bis 40 kleine Brötchen formen und auf ein mit Backpapier ausgelegtes Backblech setzen. Nochmal 30 Minuten gehen lassen. Dann mit Wasser bestreichen und im vorgeheizten Backofen bei 180 °C etwa 20 bis 25 Minuten backen.

172

Die gebratenen Zwiebeln können auch durch Röstzwiebeln ersetzt werden.

Heuernte mit Rindvieh im Jahr 1937

Thymianbrötchen – gebraten *(etwa 12 Stück)*

250 g Mehl (Type 1050)	mit
½ TL Zucker, ½ TL Salz	in einer Schüssel vermischen. Eine kleine Mulde formen und
½ Würfel Hefe	hineinkrümeln.
80 ml lauwarme Milch	sowie
1 Ei	dazugeben und verrühren. Die Zutaten mit dem Mehl kräftig verkneten.
2 Bund frischer Thymian	gut waschen, trocken tupfen, die Blätter von den Zweigen ziehen, zum Teig geben und nochmals gut verkneten. Den Hefeteig zugedeckt bei Zimmertemperatur 45 Minuten gehen lassen, dann erneut durchkneten. 12 Brötchen formen und diese noch einmal 15 Minuten gehen lassen.
2 EL Butterschmalz	in der Pfanne erhitzen. Die Brötchen gleichzeitig hineingeben und mit einem Pfannenwender flach drücken. Bei mäßiger Hitze garen, bis sie goldbraun sind, zwischenzeitlich wenden. Etwas abkühlen lassen und frisch servieren.

173

Getreideernte 1951

3-Tage-Torte

100 g Margarine	mit
180 g Zucker	schaumig rühren.
4 Eier	nach und nach unterrühren.
1 Prise Salz	hinzugeben.
250 g Mehl	mit
2 TL Backpulver	vermischen, unter den Teig rühren und die Teigmenge in 3 Teile aufteilen. Ein Drittel des Teiges in eine mit Backpapier ausgelegte Springform streichen und bei 175 °C etwa 25 Minuten backen.
2 TL Kakao	unter die verbliebenen zwei Drittel Teig rühren und aus der Teigmenge 2 Böden bei 175 °C etwa 25 Minuten backen. Die 3 fertigen Böden mit jeweils
2 EL Rum	beträufeln und auskühlen lassen.
500 ml Sahne	mit
130 g Zucker	sowie
2 Pck. Vanillezucker	
2 Pck. Sahnesteif	steif schlagen und
400 g Schmand	unterrühren. Die Hälfte der Masse auf einen braunen Boden streichen. Dann den hellen Boden auflegen. Die restliche Masse darauf verteilen und den zweiten dunklen Boden auflegen.
150 g Puderzucker	mit
2 cl Rum	verrühren und als Zuckerguss auf den oberen dunklen Boden streichen. Die fertige Torte zugedeckt 3 Tage im Kühlschrank durchziehen lassen.

174

Mühle Artlenburg

Apfeltorte mit Bienenstichguss

250 g Mehl	mit
125 g Zucker	
½ TL Backpulver	
1 EL Vanillezucker	
1 Ei	
1 EL Milch	und
125 g Butter	zu einem Mürbeteig verarbeiten. Den Teig in Folie wickeln und 1 Stunde kalt stellen. Zwei Drittel des Teiges auf dem Boden einer gefetteten Springform ausrollen und mehrmals mit der Gabel einstechen. Bei 200 °C etwa 15 Minuten vorbacken.
1 kg Äpfel	schälen, vierteln, entkernen und in grobe Spalten schneiden.
50 g Butter	erhitzen.
60 g Zucker	sowie die Äpfel und
100 g Rosinen	dazugeben und 10 Minuten dünsten. Dann abkühlen lassen. Den restlichen Teig als Rand setzen und die Apfel-Rosinen-Masse auf dem Boden verteilen.
100 g Butter	in einem Topf zerlassen.
100 g Zucker	sowie
50 g Mandelblättchen	
1 EL Honig	und
1 EL Milch	zufügen, gut miteinander verrühren. Den Bienenstichguss auf den Äpfeln verteilen. Den Kuchen bei 200 °C etwa 30 bis 45 Minuten backen und möglichst warm servieren.

175

Kurz vor der Ernte

Birnen-Schmand-Welle

4 Eier	mit
300 g Zucker	sowie
1 Pck. Vanillezucker	
125 ml Speiseöl	und
125 ml Orangensaft	schaumig schlagen.
300 g Mehl	mit
1 Pck. Backpulver	mischen und unterrühren. Den Teig auf ein gefettetes oder mit Backpapier ausgelegtes Backblech (mit Rand) streichen und bei 200 °C etwa 15 bis 20 Minuten backen.
900 g Birnen (Konserve)	abgießen, abtropfen lassen, den Saft auffangen und den Boden mit den Birnenscheiben belegen. Den Saft eventuell mit Wasser auf 500 ml auffüllen und mit
2 Pck. Tortenguss (klar)	nach Packungsanweisung kochen. Dann über den Birnenscheiben verteilen und fest werden lassen.
400 ml Sahne	mit
2 Pck. Sahnesteif	sowie
1 Pck. Vanillezucker	steif schlagen und mit
400 g Schmand	verrühren und auf den Kuchen streichen. Anschließend mit einer
Zimt-Zucker-Mischung oder Schokoladenpulver	bestreuen.

176

Herbst an der Elbe

Buchweizentorte

6 Eigelb	mit
6 EL Wasser	aufschlagen.
200 g Zucker	sowie
1 Pck. Vanillezucker	dazugeben und weißschaumig aufschlagen, bis sich der Zucker gelöst hat.
90 g Buchweizenmehl	sowie
50 g Stärkemehl	und
1 TL Backpulver	unterrühren.
6 Eiweiß	steif schlagen und vorsichtig unter den Zuckerschaum heben. In eine mit Backpapier ausgelegte Springform geben und bei 160 °C etwa 45 Minuten backen, dann auskühlen lassen. Den Boden zweimal durchschneiden.
200 g Wildpreiselbeeren-Konfitüre	auf dem unteren Boden glatt streichen.
1 l Sahne	mit
200 g Zucker	steif schlagen und ein Drittel der Sahne auf der Wildpreiselbeeren-Konfitüre verteilen. Den zweiten Boden auflegen und wieder mit ein Drittel Sahne bestreichen. Dann den dritten Boden auflegen. Die ganze Torte mit der restlichen Sahne bestreichen und nach Wunsch verziehen.

177

Allee in Gellersen

Buchweizen ist kein Getreide

Der »Alte Fritz« († 1786) und Justus von Liebig († 1873) sorgten dafür, dass der Buchweizen aus Europa beinahe verschwand. Doch nun erlebt er eine Renaissance, denn er besitzt einige ganz besondere Eigenschaften, die ihn als Heilpflanze und als Diätnahrungsmittel auszeichnen.

Genügsam und anspruchslos ist er, der Buchweizen, und so breitete er sich als Kulturpflanze von Osten nach Westen in ganz Eurasien aus. Ursprünglich in China kultiviert, lässt sich der Anbau am Schwarzen Meer bereits bis mehrere Jahrhunderte vor Christus zurückverfolgen. Im 16. Jahrhundert wurde die Pflanze dann auch bei uns überall dort angebaut, wo der schlechte Boden und das Klima keine anderen Nutzpflanzen zuließen. Aber als der »Kartoffelkönig« Friedrich der Große mit seiner Knolle eine alternative Nutzung für den kargen Boden in Deutschland einführte und es dem Chemiker Justus von Liebig im weiteren Verlauf der Geschichte mit der Entwicklung des Düngers gelang, die nährstoffarmen Böden aufzuwerten, verlor der Buchweizen bei uns schnell an Bedeutung.

Auch wenn es der Name nahelegt, ist der Buchweizen keine Getreideart, sondern ein Verwandter von Knöterich und Sauerampfer, denen er optisch mit seinem auf-

Buchweizenblüte

rechten, kaum verzweigten Stängel, den herzförmigen Blättern und den unschein-
baren rosa-weißlichen Blüten nahekommt. Die Frucht ist ein dreieckiges Nüsschen,
von dem die Schale ähnlich wie bei der Buchecker entfernt werden muss, bevor sie
zum Nahrungsmittel weiterverarbeitet werden kann.

Buchweizen enthält viel Eiweiß und Stärke, so dass er als Pseudogetreide bezeichnet
wird. Anders als der Weizen enthält der Buchweizen aber kein Klebereiweiß oder
Gluten, so dass sich daraus hergestelltes Mehl gut für Menschen mit einer gluten-
sensitiven Erkrankung der Magen-Darm-Schleimhaut eignet, also mit Zöliakie oder
Sprue. Selbst von der ansonsten eher getreidefeindlichen Steinzeiternährung wird
der Buchweizen als Nahrungsmittel akzeptiert.

Auch aus dem Rest der Pflanze lässt sich noch etwas Gesundes produzieren, denn
alle grünen Pflanzenteile des Buchweizens enthalten hohe Anteile an Flavonoiden
wie Rutosid und Hyperosid. Diese Pflanzenwirkstoffe haben – zum Beispiel als Tee
getrunken – positive Auswirkungen bei leichten Venenbeschwerden: Sie dichten die
Gefäße ab und verhindern so, dass Wasser aus den Venen in das Gewebe gedrückt
wird, sich also Ödeme ausbilden. Außerdem verbessern sie die Durchblutung in den
kleinen Blutgefäßen.

179

Quelle: Dr. Susanne Poth, ReformhausKurier®

Fast reifer Buchweizen

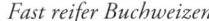

Großmutters Aprikosen-Essig-Torte

300 g Butter	mit
350 g Mehl	und
3 EL Essig	zu einem Mürbeteig verarbeiten. Mindestens 30 Minuten kühl stellen. Den Teig in 2 Teile teilen und 2 Böden bei 180 °C etwa 15 bis 20 Minuten abbacken.
100 g Aprikosenmarmelade	auf einen der noch heißen Mürbeteigböden streichen und dann anschließend in 12 Tortenstückchen teilen.
300 g Aprikosen	zerkleinern, den zweiten Mürbeteigboden damit belegen.
500 ml Sahne	steif schlagen und auf die Aprikosenstückchen streichen. Die anderen 12 Tortenstücke schräg auf die Sahne setzen.

Heidesand-Gebäck

250 g Butter	in einem Topf zerlassen und goldbraun bräunen. Dann in eine Rührschüssel geben und völlig abkühlen lassen. Nun mit
200 g Zucker	
1 Prise Salz	und dem Mark von
½ Vanilleschote	sehr schaumig rühren.
375 g Mehl	unterkneten. Aus dem Teig 2 Rollen mit je 6 cm Durchmesser formen und die Rollen in
100 g Zucker	wälzen. Die Rollen einzeln in Klarsichtfolie wickeln und über Nacht im Kühlschrank fest werden lassen.

Am nächsten Tag	Etwa 30 Minuten, nachdem man die Rollen wieder aus dem Kühlschrank genommen hat, in 5 mm dicke Scheiben schneiden und auf mit Backpapier ausgelegte Bleche legen. Bei 160 °C etwa 15 Minuten hell abbacken.

Vergessener Schuh

Eischwerkuchen

4 Eier	in eine Schüssel aufschlagen und wiegen, zur Seite stellen. Dem Gewicht der Eier entsprechend
Butter oder Margarine	und
Zucker	abmessen und mit
1 Pck. Vanillezucker	schaumig rühren. Die abgeriebene Schale von
½ Zitrone	hinzufügen und weiterrühren. Die gewogenen Eier einzeln unterrühren. Dem Eiergewicht entsprechend
Mehl	mit
1 Pck. Backpulver	mischen und einarbeiten.
40 g Rosinen oder Schokoladenstreusel	sowie
40 g gehackte Mandeln	hinzufügen. Sollte der Teig zu fest sein, etwas
Milch	hinzufügen. Den Teig in eine Kasten- oder Topfkuchenform füllen und bei 180 °C etwa 45 Minuten backen. Den fertigen Kuchen mit Zuckerguss aus
50 g Puderzucker	und
1 EL Wasser	bestreichen.

181

*Den Kuchen 3 Tage
verstecken, weil er durchgezogen
am besten schmeckt.*

Trügerische Idylle bei Hochwasser

Möhrenkuchen

300 g Möhren	schälen und fein reiben. Die Schale von
1 Zitrone	abreiben und mit den Möhren mischen, zur Seite stellen.
5 Eigelb	mit
4 EL heißes Wasser	in einer Schüssel schaumig rühren.
200 g Zucker	und
1 Pck. Vanillezucker	einrühren, bis eine cremige Masse entsteht.
5 Eiweiß	mit
1 Prise Salz	steif schlagen und auf die Eigelbcreme geben, darüber die Möhren geben.
250 g gemahlene Haselnüsse	mit
8 EL Semmelbrösel	sowie
1 TL Backpulver	
½ TL Zimt	und
1 EL Rum	mischen und alles zusammen auf die Möhren geben, vorsichtig unterheben. Den Teig in eine gefettete Springform füllen und im vorgeheizten Backofen bei 180 °C (Ober- und Unterhitze) etwa 45 bis 50 Minuten backen, dann auskühlen lassen.
200 g Puderzucker	mit
2 EL Zitronensaft	und
1 EL Wasser	zu einem Guss verrühren und auf den Kuchen streichen.

182

> *Der Kuchen ist besonders saftig, wenn man ihn abgedeckt 2 Tage an einem kühlen Ort stehen lässt.*

Seerosen

Nusstorte

6 Eiweiß	steif schlagen.
6 Eigelb	nach und nach unterrühren.
250 g Zucker	einrieseln lassen und
250 geriebene Haselnüsse	unterheben.
2 EL Stärkemehl	mit
1 gestr. TL Backpulver	mischen und ebenfalls unterheben. Den Teig in eine gefettete und bemehlte Springform geben und glatt streichen. Bei 140 °C etwa 30 Minuten bei Ober- und Unterhitze backen. Den abgekühlten Boden einmal teilen.
750 ml Sahne	steif schlagen, davon etwas zum Verzieren beiseite stellen und den Tortenboden mit der restlichen Sahne füllen.
200 g Marzipan-Rohmasse	mit
100 g Puderzucker	verkneten und auf Tortengröße ausrollen. Die Torte mit der Marzipandecke belegen, dabei überstehende Enden abschneiden und aus den Abschnitten kleine Kugeln formen. Marzipankugeln in
Kakaopulver	wälzen. Die Torte mit der übrigen Sahne und den Marzipankügelchen verzieren.

183

Blick in die Schlossstraße von Bleckede

Landgrafenschnitten

250 g Butter	und
250 ml Milch	leicht erwärmen. Mit
500 g Mehl	sowie
1½ Pck. Trockenhefe oder Frischhefe	
100 g Zucker, 1½ TL Salz	verkneten, bis ein lockerer, weicher Teig entsteht. Den Teig an einem warmen Ort etwa 1 Stunde gehen lassen. Zwischenzeitlich
200 g Rosinen	waschen und mit
1 EL Mehl	bestäuben. Dann mit
250 g Zucker	und
1 Fläschchen Bittermandelöl-Aroma	vermengen, zur Seite stellen. Den Teig in 2 Portionen teilen und ausrollen. Mit
300 g Butter	als Flöckchen dicht an dicht belegen. Nun die Zucker-Rosinenmischung darauf verteilen und aufrollen. Beide Rollen in eine Fettpfanne legen und einmal längs einschneiden, damit der Teig sich öffnen kann. In den kalten Ofen setzen und etwa 30 Minuten bei 200 °C backen. In der Fettpfanne auskühlen lassen, da viel Butter in der Pfanne schwimmt, die jedoch noch aufgesogen wird.
200 g Puderzucker	und
2 EL Wasser	verrühren und die Schnitten mit dem Guss bestreichen.

184

> *Den Kuchen kann man gut einfrieren.*

Bachlauf im Wald

Die Oldendorfer Mühle

Von Christel Wegener

Das Baujahr geht auf das Jahr 1511 zurück. Seitdem betrieb die Familie Müller die Mühle. Von 1858 bis 1940 wurden mehrfach Vergrößerungen vorgenommen, die Mühle wurde umgebaut, Schweinehaltung und Landwirtschaft intensiviert. Man erreichte außerdem neun Wohnhäuser für die Arbeiter.

1951 heiratete die Erbin Else Müller Herrn Otto Engel und wurde die erste weibliche Müllergesellin Deutschlands. Seit 1991 ist Andreas Engel der Müllermeister der Oldendorfer Mühle und zur Zeit unterstützt ihn auch schon sein Sohn Jonas. Andreas Engel hat die Mühle zu einem voll automatisierten Betrieb mit elektronischer Steuerung ausgebaut und führt beständig Modernisierungen durch. Zudem wurde durch den Müllermeister die Schweinemast nach NEULAND-Kriterien ausgebaut. NEULAND produziert Qualitätsfleisch aus besonders artgerechter und umweltschoner Tierhaltung. Ebenso werden auf den Grünlandflächen 600 bis 800 Weihnachtsgänse gehalten.

185

Die Hauptaufgabe der Mühle besteht in der Erzeugung hochwertiger Vollkorn- und Spezialprodukte sowie Roggen, Weizen und Buchweizen. Der Buchweizen wird zu Buchweizenmehl verarbeitet und ist Grundstoff für die Buchweizentorte der umliegenden Cafés und Konditoreien.

Rotbuschkuchen

200 ml Wasser	aufkochen und
2 TL Rotbuschtee	damit übergießen, 8 Minuten ziehen lassen.
200 g Butter	schaumig rühren.
200 g brauner Zucker	nach und nach unter Rühren einrieseln lassen.
4 Eier	einzeln hinzugeben und gut unterrühren.
½ Vanillestange	der Länge nach aufschlitzen und das Mark herauskratzen, mit
2 TL Zimt	unter die Eimasse rühren.
300 g Dinkelmehl	mit
½ Pck. Backpulver	sowie
2 EL Kakao	gut vermischen und esslöffelweise unter den Teig rühren. Den abgekühlten Rotbuschtee nach und nach dazugeben – bis zu 125 ml, je nach Festigkeit des Teiges. Die Masse etwa 30 Minuten quellen lassen. Dann
100 g gehackte Mandeln	vorsichtig unterheben und den Teig in eine mit
Butter	gefettete und mit
Semmelbrösel	ausgestreute Springform füllen. Bei 160 bis 180 °C im vorgeheizten Backofen auf der mittleren Schiene 60 bis 70 Minuten backen.
200 ml Sahne	schlagen und damit servieren.

186

Der Kuchen lässt sich auch mit Gelee oder Creme füllen.

Dorfbild Lüdersburg

Spitzbuben-Gebäck (etwa 50 Stück)

125 g Margarine	mit
125 g Zucker	sowie
20 g Kakao	
1 Pck. Vanillezucker	
1 Prise Zimt	und
125 g gemahlene Mandeln	vermischen. Dann
125 g Mehl	unterkneten. Den Teig zu kleinen Kugeln formen und mit jeweils 1 Mandel von etwa
50 Mandeln (ohne Haut)	verzieren. Bei 180 °C rund 10 Minuten backen.

Strauben

187

4 Eiweiß	mit
60 g Zucker	schaumig rühren.
1 Prise Salz	und
1 EL Weißwein	dazugeben.
125 g Mehl	unterheben. Der Teig muss etwas dick vom Löffel fließen. Pergamentpapier zu einer Tüte formen und die Spitze abschneiden (oder einen Gefrierbeutel benutzen). Den Teig hineinfüllen, so dass er wie ein dünnes Schnürchen hinausläuft.
1 kg Frittierfett	in einem Topf erhitzen. Alternativ kann man auch eine Fritteuse benutzen. Den Teig in Portionen kreuz und quer in das Fett laufen lassen. Auf beiden Seiten goldgelb backen. Dann aus dem Fett nehmen und mit
Puderzucker	bestäuben.

Blühendes Tulpenfeld

Teekuchen mit Mütze

Bitte genau an die Anleitung halten, denn die Zubereitung funktioniert nicht mit »elektrischen« Hilfsmitteln!

3 Eier	und
500 g Zucker	genau 1 Stunde mit dem Holzlöffel am Abend verrühren. Dann
500 g Mehl	hinzugeben und unterrühren. Den Teig mit Teelöffeln als kleine Kleckse auf ein Backblech setzen und am Ofen oder einem anderen warmen Ort stehen lassen. Am nächsten Tag etwa 15 bis 20 Minuten bei 150 bis 170 °C abbacken (bzw. trocknen).

Umgedrehte Apfeltorte

188

30 g Butter	zerlassen und in eine mit Backpapier ausgelegte Springform gießen.
50 g Zucker	mit
½ TL Zimt	und
75 g gehackte Walnüsse	mischen und über die Butter streuen.
700 g Äpfel	schälen, entkernen, in Stücke schneiden und darüberlegen.
100 g Butter	mit
150 g Zucker	
1 Pck. Vanillezucker	und
2 Eier	verrühren. Nun
125 g Mehl	sowie
75 g Speisestärke	
2 gestr. TL Backpulver	dazugeben und einen Rührteig herstellen. Den Teig über die Äpfel gießen. 40 bis 50 Minuten bei 190 °C auf der unteren Schiene backen. Nach dem Abkühlen die Torte stürzen.

LandFrauen auf der Grünen Woche

Windbeutelkranz
mit Buttermilchsahne und Erdbeeren

100 ml Milch	mit
100 ml Wasser	
75 g Butter	sowie
10 g Zucker	in einen Topf geben und alles zusammen aufkochen.
150 g Mehl	auf einmal zugeben und einen Brandteig herstellen. Dabei mit dem Kochlöffel das Mehl so lange unterrühren, bis sich ein Kloß vom Topfboden löst. Nun
1 Ei	sofort unterrühren, den Teig etwa 10 Minuten abkühlen lassen. Dann
3 Eier	nach und nach unterrühren. Den Teig zugedeckt 30 Minuten ruhen lassen. Den Teig in einen Spritzbeutel füllen und einen Ring aus Rosetten auf ein mit Backpapier belegtes Backblech spritzen. Diesen Teigring im vorgeheizten Backofen bei 170 °C (Ober- und Unterhitze) etwa 35 Minuten backen. Den Ring abkühlen lassen und einmal durchschneiden.
8 Blatt weiße Gelatine	einweichen.
3 EL Zitronensaft	mit
100 g Zucker	erwärmen und die eingeweichte Gelatine darin auflösen.
500 ml Buttermilch	einrühren und kühl stellen. Wenn die Masse zu gelieren beginnt,
250 ml Sahne	steif schlagen und unterheben. Die Creme 15 Minuten kühlen, dann in einen Spritzbeutel füllen und auf den unteren Ring spritzen.
500 g Erdbeeren	putzen, waschen und abtropfen lassen. Die Erdbeeren auf der Creme verteilen und den Brandteigdeckel auflegen. Mit
Puderzucker	bestäuben.

189

Kochen mit Kindern: »Und die Party geht ab« –
Chillen mit lockeren Snacks

Der Butterkuchen-Unfall

Von Anneliese von der Heide

Wir bekamen eine Einladung zu Erhard Sühls 60. Geburtstag. Statt eines Blumenstraußes versprach ich seiner Frau Elfi, einen Butterkuchen zu backen. Da wir um 10 Uhr bei Stumpf in Embsen sein sollten, war an dem Morgen »Eile« angesagt. Um 6 Uhr morgens, noch im Nachthemd, habe ich den Teig angerührt und zum »Gehen« in den Heizungsraum gebracht. Ich ging anschließend noch einmal ins Bett. Fast hätte ich den Butterkuchen vergessen. Die Zeit rannte dahin, denn der Kuchen musste noch belegt werden, er musste noch backen und auskühlen sollte er auch noch. Schnell zog ich mich an und holte den Butterkuchen aus dem Heizungsraum. Er war gut aufgegangen.

Nun noch schnell belegen. Gute Butter wurde in Flocken draufgegeben, dann Mandelstifte und Zucker. Zucker! ... leider bekam ich das Salzfass zu fassen. Zwei Seiten am Rand waren schon mit Salz bestreut, ehe ich es bemerkte. Was nun? Mein Mann Werner wusste Rat. Schnell in den Keller und mit dem großen Industrie-Staubsauger absaugen. Oh weh. Wir hörten nur noch »Ch-ch-ch-ch« ... und Salz, Butter, Mandeln und Teig verschwanden im Staubsauger. Das dunkle Blech kam zum Vorschein. Wir haben laut losgelacht, aber die Uhr lief und lief. »Was sollte ich tun?« Ich nahm mein Blech, habe mit Küchenpapier alles abgetupft, den noch vorhandenen Teig in alle leeren Stellen gedrückt und wieder neu belegt. ... Und diesmal habe ich den Kuchen mit Zucker bestreut!

Ihr glaubt es nicht! Der Kuchen war trotz allem prima geworden. Dann habe ich die Salzstellen rundum mit Zahnstochern markiert. Die Fahrt konnte losgehen. Bei Stumpf in der Küche habe ich dann gesagt: »Schneidet bitte aber nur die Innenfläche auf, die Randstellen habe ich irrtümlich mit Salz bestreut.« Zur Kaffeezeit haben wir dann neugierig den Kuchen probiert und siehe da, er schmeckte genauso gut wie sonst!

Butterkuchen

Mokkatorte

5 Eiweiß	zu Eischnee schlagen.
125 g Zucker	einrieseln lassen.
1 Pck. Vanillezucker	hinzufügen. Nach und nach
5 Eigelb	unterrühren.
100 g Weizenmehl	mit
100 g Kartoffelstärke	und
½ Pck. Backpulver	mischen, darübersieben und unterheben. In eine mit
Paniermehl	ausgestreute Springform geben und glatt streichen. Bei 175 °C etwa 30 Minuten auf mittlerer Schiene backen. Den Boden anschließend zweimal durchschneiden.
800 ml Sahne	mit
4 EL Zucker	und
1 Pck. Vanillezucker	steif schlagen.
2 EL Cappuccinopulver	sowie
2 EL Trink-Kakaopulver	
1 TL Back-Kakao	unter die steife Sahne heben. Die Böden mit Mokkasahne füllen und die Torte von außen damit bestreichen. Mit
Mokkabohnen	verzieren.

191

Kornblumen im Weizen

Apfelpunsch

500 ml Apfelsaft	mit
100 ml Traubensaft	sowie
5 EL Honig	
1 Zimtstange	und
1 Sternanis	etwa 10 Minuten in einem Topf erhitzen, aber nicht kochen! Anschließend Zimtstange und Sternanis aus dem Punsch nehmen.
1 Zitrone (unbehandelt)	in dünne Scheiben schneiden.
2 Äpfel (Boskop)	schälen, entkernen, in kleine Stücke schneiden und beides in den heißen Saft geben.
1 Msp. Kardamom	zum Verfeinern hinzugeben und nach Belieben noch mit
Zucker	abschmecken.

192

Eierlikör – mild und lecker

1 l Milch	aufkochen.
1 Pck. Vanillezucker	und
200 g Zucker	dazugeben.
1 EL Puddingpulver	mit
50 ml kalte Milch	anrühren, in die heiße Milch rühren, aufkochen und abkühlen lassen.
4 Eigelb	nach dem Erkalten dazugeben.
500 ml klarer Schnaps	unterrühren. Kühl aufbewahren.

Achtung: Dieser selbst gemachte Likör ist nicht so lange haltbar, wie Likör aus dem Handel!

Biene bei der Honigsuche

Holunderblütensirup

30 Holunderblütendolden	gut ausschütteln.
3 Zitronen (unbehandelt)	in Scheiben schneiden, mit den Dolden in einen Topf legen.
80 g Zitronensäure	darüberstreuen.
3 l Wasser	darübergießen und 3 Tage kühl stehen lassen. Dann abgießen. Die Flüssigkeit mit
3 kg Zucker	aufkochen und noch heiß in Flaschen abfüllen.

Eine sehr gesunde Erfrischung im Sommer. Mit Wasser oder Mineralwasser verdünnen – schmeckt auch sehr gut mit Sekt.

Holunderbeerpunsch

193

½ Zitrone	auspressen. Den Saft mit
250 ml schwarzer Tee	und
250 ml Holundersaft	
50 g Zucker	
50 g Rosinen	
50 g ganze Mandeln	sowie
250 ml Rum	erhitzen und genießen.

Holunderbusch

Schlehensaft

5 kg Schlehen	pflücken, von Laub und Schmutz befreien, mit kaltem Wasser spülen und abtropfen lassen. Die Beeren in einen großen Topf füllen und mit
Wasser (kochend)	übergießen, bis die Früchte etwa 1 cm hoch bedeckt sind. Nach 24 Stunden die Flüssigkeit abgießen und auffangen. Den aufgefangenen Saft zum Kochen bringen und damit die Schlehen erneut übergießen. Diesen Vorgang noch zweimal im Abstand von 24 Stunden wiederholen.
Am 4. Tag	Den Saft dann durch ein Tuch filtern, um Schwebstoffe zu entfernen. Den klaren Saft mit
1 kg Zucker	aufkochen und heiß in Flaschen füllen. Die Flaschen sofort verschließen.

194

Heiße Orange

250 ml Orangensaft	mit dem Saft von
1 Zitrone	und
1 EL Honig	erhitzen, aber nicht kochen.
20 – 40 ml Korn	dazugeben. In vorgewärmten Gläsern servieren.

Ist auch für Kinder ein wärmendes Getränk, dann allerdings ohne Korn!

Wassermühle Melbeck

Für Andere Zeit zu haben

Von Otto Dittmer aus Melbeck

*Mir scheint von allen guten Gaben
die Eine, etwas Zeit zu haben,
heut nicht mehr hoch im Kurs zu steh'n,
wie wir es allenthalben sehn.*

*Man strebt und hastet, läuft und rennt,
dass man sich oftmals selbst nicht kennt.
Das eine Wörtchen »Zeit ist Geld«
regieret fort die ganze Welt.*

*Wir sollten auch mal daran denken
Dem Nächsten eine Freude schenken.*

*Dass solches selbst beglücken kann,
das kann erfahren jedermann.*

*Und hat Dein Nachbar große Sorgen,
verschieb die eigenen auf morgen;
hilf ihm mit einem guten Wort
und haste nicht gleich wieder fort.*

*Nimm Dir, ich will's mit Nachdruck sagen,
in uns'rer Zeit, in uns'ren Tagen,
als Mensch für Deinen Nächsten Zeit,
mit ihm zu reden sei bereit.*

195

Spielmannszug Melbeck

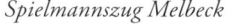

Begriffserläuterungen

Abbacken / Ausbacken	Etwas in heißem Fett schwimmend backen.
Ablöschen	Das Angießen von scharf angebratenem oder geschmortem Fleisch oder Gemüse.
Abschmecken	Eine Speise mit den Grundgewürzen Salz, Pfeffer, Zucker usw. nach eigenem Geschmack würzen.
Andünsten / Anschwitzen	Ein Lebensmittel in heißem Fett leicht rösten, ohne es zu braten. Das Lebensmittel soll nur glasig werden, z. B. Zwiebeln.
Ausbraten / Auslassen	Den Speck so lange braten, bis das Fett herausgebraten ist.
Blanchieren	Zutaten in einen Topf mit kochendem Wasser geben und kurz köcheln lassen.
Garen / Köcheln	Eine Speise sollte nicht stark kochen. Die Hitzezufuhr muss so gedrosselt werden, dass nur ein leichtes Aufsteigen von Kochblasen zu sehen ist.
Gratinieren	Das Überbacken von Speisen.
Legieren	Ist das Binden und Verfeinern von Gerichten mit Eigelb. Das Ei oder Eigelb wird mit warmer Flüssigkeit vermischt und unter ständigem Rühren in die nicht mehr kochende Speise gegeben.
Karkasse	Aus dem Französischen: Carcasse für Gerippe. Karkasse nennt man das nach dem Tranchieren meist kleinerer Tiere zurückbleibende Knochengerüst samt eventuell anhaftender Fleischreste.
Marinieren	Ist das Einlegen von Lebensmitteln in eine gewürzte Flüssigkeit, um der Speise einen besonderen Geschmack und bessere Haltbarkeit zu verleihen.
Mehlschwitze	Traditionelles Bindemittel von Suppen und Saucen (Fett zerlassen und Mehl einrühren).
Parieren	Fleisch von Fett und Sehnen befreien.
Passieren	Flüssigkeiten durch ein Sieb oder Tuch geben.
Pürieren	Ein gares Lebensmittel wird stark zerkleinert. Früher war hierfür in vielen Haushalten die »Flotte Lotte« ein beliebtes Haushaltsgerät, z. B. um Apfelmus herzustellen.
Reduzieren	Flüssigkeit fast vollständig verkochen lassen (einkochen).
Stocken lassen	Das Garen von Eiern oder Eimasse, bei mäßiger Hitze im Topf oder Wasserbad, ohne dabei das Gargut umzurühren.
Wasserbad	Ist eine Methode, um Speisen indirekt mit Hitze zu versorgen. Dabei wird der Topf mit den Speisen in einen anderen Topf mit heißem Wasser auf den Herd gestellt.
Zerlassen	Butter oder Margarine in einer Pfanne oder einem Topf bei mäßiger Hitze schmelzen, aber nicht braun werden lassen.

Maße und Gewichte

1 gestr. EL Fett	15 g		1 Liter	1000 ml / 1000 ccm
1 gestr. EL Mehl	10 g		¾ Liter	750 ml / 750 ccm
1 geh. EL Mehl	15 g		½ Liter	500 ml / 500 ccm
			⅜ Liter	375 ml / 375 ccm
1 kleine Zwiebel	30 g		¼ Liter	250 ml / 250 ccm
1 mittlere Zwiebel	50 g		⅛ Liter	125 ml / 125 ccm
1 große Zwiebel	70 g			
			1 TL	5 ml
1 kleine Kartoffel	70 g		1 EL	15 ml
1 mittlere Kartoffel	120 g		1 Schnapsglas	20 ml / 2 cl
1 große Kartoffel	180 g		1 Tasse	150 ml
½ kg	500 g			
1 kg	1000 g			

Abkürzungen

Msp.	Messerspitze
EL	Esslöffel
geh. EL	gehäufter Esslöffel
gestr. EL	gestrichener Esslöffel
TL	Teelöffel
geh. TL	gehäufter Teelöffel
gestr. TL	gestrichener Teelöffel
g	Gramm
kg	Kilogramm
ml	Milliliter
cl	Zentiliter
l	Liter
ccm	Kubikzentimeter
Pck.	Päckchen
°C	Grad Celsius
TK	Tiefkühlkost

Rezeptregister, alphabetisch

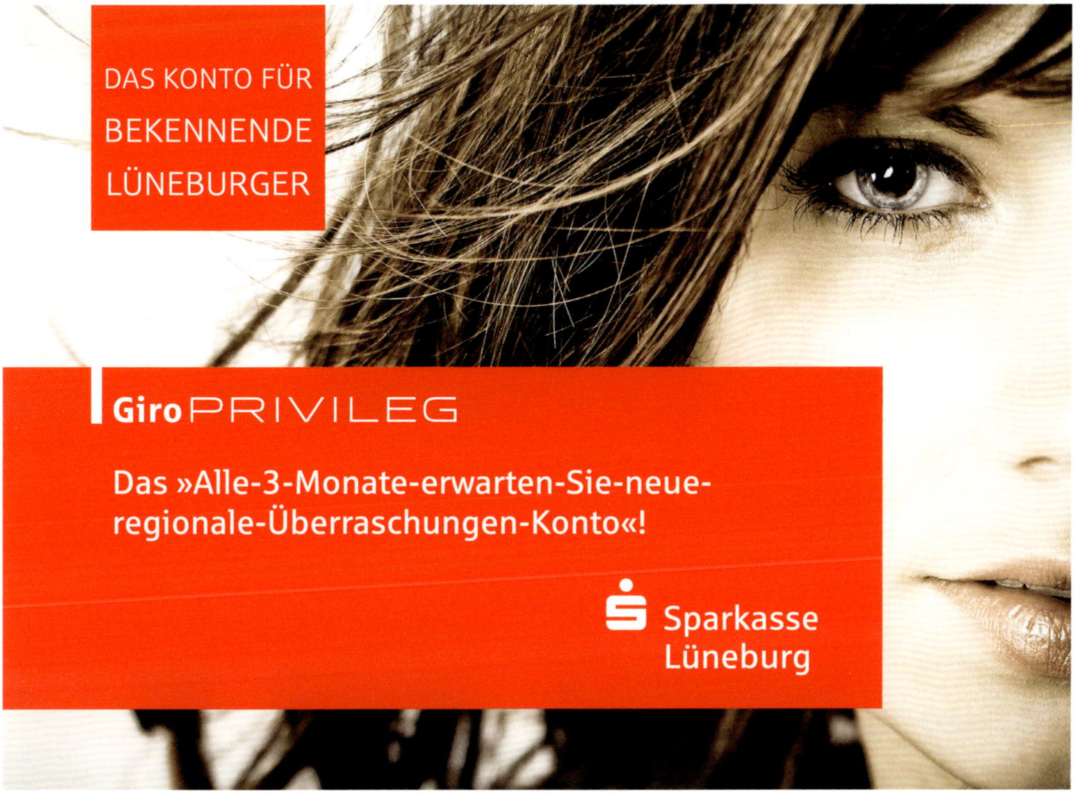
DAS KONTO FÜR
BEKENNENDE
LÜNEBURGER
Giro PRIVILEG
Das »Alle-3-Monate-erwarten-Sie-neue-
regionale-Überraschungen-Konto«!
Sparkasse
Lüneburg

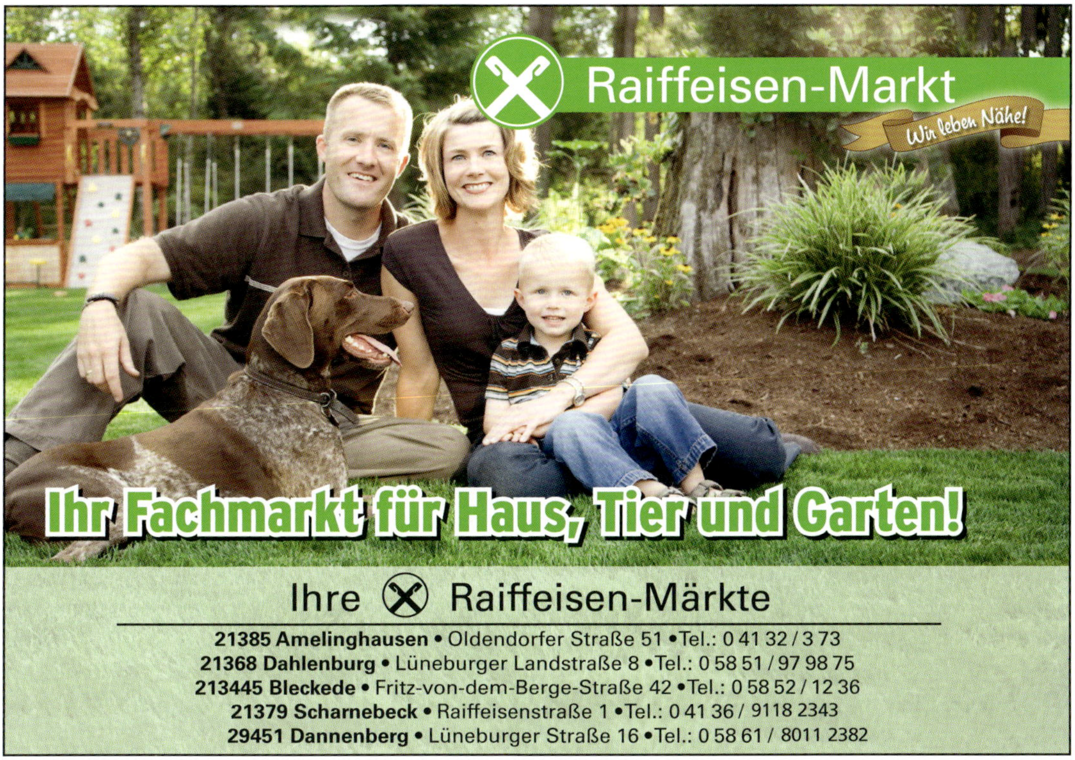
Raiffeisen-Markt
Wir leben Nähe!
Ihr Fachmarkt für Haus, Tier und Garten!
Ihre Raiffeisen-Märkte
21385 Amelinghausen • Oldendorfer Straße 51 • Tel.: 0 41 32 / 3 73
21368 Dahlenburg • Lüneburger Landstraße 8 • Tel.: 0 58 51 / 97 98 75
213445 Bleckede • Fritz-von-dem-Berge-Straße 42 • Tel.: 0 58 52 / 12 36
21379 Scharnebeck • Raiffeisenstraße 1 • Tel.: 0 41 36 / 9118 2343
29451 Dannenberg • Lüneburger Straße 16 • Tel.: 0 58 61 / 8011 2382

Z

Rezeptregister nach Kapiteln

Wildes aus Marsch und Heide

Fischgerichte

Spezialitäten aus der Lüneburger Heide

Bildquellennachweis

Seite 3: Edition Limosa GmbH (gr); 4: S.B. (kl); 5: Dirk Krause (gr); 6: S.B. (kl); 7: Elke Peper (kl); 8: R.R. (kl), H. Kathke (gr); 9: B.H. (kl), B.H. (gr); 10: Ulrich Löwe (kl), S.B. (gr); 11: Birgit Busse (kl), Andreas Kögel/www.heideknipser.de (gr); 12: Historische Aufnahme/Privat (kl); 13: Historische Aufnahme/Privat (kl), R.R. (gr); 14: Denise Lacroix (gr); 15: Denise Lacroix (kl); 16: Klaus Olshof (kl); 17: Doris Steinhoff (kl), Doris Steinhoff (gr); 18: Hans-Jürgen Pyritz (2); 19: Naturpark Lüneburger Heide (kl), Hans-Jürgen Pyritz (gr); 20: Tobias Keienburg (gr); 21: S.B. (kl); 22: Klaus Olshof (kl), Annette Kammeier (gr); 23: Klaus Olshof (kl); 24: Dörthe Burmester (2); 25: Christiane Siegler (kl); 26: Dörthe Burmester (gr); 27: R.R. (kl); 28: Naturpark Lüneburger Heide (2); 29: Naturpark Lüneburger Heide (2); 30: R.R. (kl); 31: Bärbel Gruhl (gr); 32: Dörthe Burmester (kl), Regine Meyn (gr); 33: Dörthe Burmester (kl); 34: Christiane Siegler (kl), C. Andres (gr); 35: R.R. (gr); 36: S.B. (2); 37: S.B. (kl); 38: R.R. (kl); 39: R.R. (2); 40-41: R.R. (2); 42: S.B. (kl), Andreas Kögel/www.heideknipser.de (gr); 43: Dörthe Burmester (kl); 44: B.H. (kl), Gertrud Müller (gr); 45: Verein Naturparkregion Lüneburger Heide e.V. (kl); 46: Lisa Vosteen (kl); 47: Ursula Hartmann (kl); 48: Karin Meyer (kl); 49: R.R. (gr); 50-51: Ursula Hartmann (3); 52: Gertrud Müller (gr); 53: Karl-Heinrich Meyer (kl); 54: H. Kathke (kl), Klaus Olshof (gr); 55: Karin Götzl (kl), Klaus Olshof (gr); 56-57: H. Kathke (2); 58: Klaus Olshof (kl); 59: H. Kathke (gr); 60: Regine Meyn (kl), H. Kathke (gr); 61: B.H. (2); 62: Frau Wendel (gr); 63: Frau Herda (gr); 64: B.H. (kl); 65: Andreas Kögel/www.heideknipser.de (gr); 66: Sabine Tschentscher (kl), Dörthe Burmester (gr); 67: H. Kathke (kl), Doris Steinhoff (gr); 68: pixelio/m.gade (kl); 69: pixelio/Gabriele Schoenemann (kl); 68-69: pixelio/eckwe (gr); 70: Regine Meyn (gr); 71: Denise Lacroix (kl); 72: R.R. (gr); 73: Karin Götzl (kl); 74-75: Gertrud Müller (2); 76: R.R. (kl); 77: H. Kathke (gr); 78-79: C. Andres (2); 80: Karl-Heinrich Meyer (gr); 81: Klaus Olshof (gr); 82: S.B. (kl); 83: Ingrid Reinecke (gr); 84-85: Christiane Siegler (2); 86-87: August Hoffmann (2); 88: B.H. (kl), Dörthe Burmester (gr); 89: Karl-Heinrich Meyer (kl), Klaus Olshof (gr); 90: Christiane Siegler (gr); 91: H. Kompalka (kl); 92-93: S.B. (2); 94-95: Tobias Keienburg (3); 96: Andrea Schmidt (gr); 97-98: H. Kathke (2); 99: Esther Sandmann (kl); 100-101: H. Kathke (gr); 102: Regine Meyn (kl); 103: Ortwin Kork (gr); 104: Klaus Olshof (2); 105: H. Kathke (kl); 106: Regine Meyn (gr); 107: H. Kathke (gr); 108: Denise Lacroix (kl), Karl-Heinrich Meyer (gr); 109: R.R. (2); 110: Karin Meyer (kl), Dörthe Burmester (gr); 111: R.R. (kl); 112-113: Elke Peper (3); 114: R.R. (gr); 115: H. Kathke (gr); 116: Doris Steinhoff (kl); 117: Klaus Olshof (kl), R.R. (gr); 118: H. Kathke (gr); 119: B.H. (gr); 120-121: R.R. (2); 122: Denise Lacroix (gr); 123: H. Kathke (kl); 124: Karin Götzl (kl); 125: Lisa Vosteen (kl), H. Kathke (gr); 126-127: Thorsten Meyn (3); 128: R.R. (kl); 129: S.B. (gr); 130: Bärbel Gruhl (2); 131: B.H. (kl); 132: Dörthe Burmester (kl), Ortwin Kork (gr); 133: H. Kathke (2); 134: Gertrud Müller (gr); 135: Schloss Lüdersburg (kl); 136-137: H. Kathke (gr); 138-139: B.H. (2); 140-141: H. Kathke (2); 142: B.H. (gr); 143: Jens Wischmann (kl); 144: B.H. (kl); 145: S.B. (kl), Bärbel Gruhl (gr); 146: Klaus Olshof (kl), Regine Meyn (gr); 147: Karl-Heinrich Meyer (kl); 148: Heike Henke (2); 149: B.H. (gr); 150-151: Katharina Stelter (2); 152: Dörthe Burmester (kl); 153: Karl-Heinrich Meyer (gr); 154: Dörthe Burmester (kl); 155: H. Kathke (gr); 156: S.B. (kl), R.R. (gr); 157: B.H. (kl), H. Kathke (gr); 158: B.H. (kl); 159: Bärbel Gruhl (gr); 160: S.B. (kl); 161: R.R. (kl); 162-163: Martinuskirchengemeinde/Kirchenvorstand (2); 164: Dörthe Burmester (kl), Karin Götzl (gr); 165: Karin Götzl (kl); 166: Karin Meyer (gr); 167: Doris Meyer (kl); 168: B.H. (kl), Karen Greve-Krause (gr); 169: S.B. (kl), Karl-Heinrich Meyer (gr); 170: S.B. (gr); 171: Klosterkammer Hannover (kl); 172-173: Historische Aufnahme/Privat (2); 174: Ulrich Löwe (kl); 175: R.R. (kl); 176: H. Kathke (gr); 177: Klaus Olshof (gr); 178-179: Andreas Kögel/www.heideknipser.de (2); 180: S.B. (kl); 181: Ulrich Löwe (gr); 182: R.R. (kl); 183: Andrea Schmidt (gr); 184: H. Kathke (kl); 185: R.R. (gr); 186: Jochen Lange (gr); 187: Karen Greve-Krause (kl); 188: Christel Wegener (kl); 189: S.B. (kl); 190: Irmtraud Hövermann (kl); 191: H. Kathke (gr); 192: Karl-Heinrich Meyer (kl); 193: B.H. (2); 194: Karin Götzl (kl); 195: Doris Steinhoff (gr);

Umschlag vorne (von links oben): Tobias Keienburg, Frau Wendel, Regine Meyn, B.H. (M), Hans-Jürgen Pyritz, Christiane Siegler, B.H.;

Umschlag hinten (von links oben): H. Kathke, Gertrud Müller, H. Kathke, Christiane Siegler, B.H., B.H.

Erklärung/Abkürzungen: B.H. = Barbara Hoyer, S.B. = Sabine Block, R.R. = Renate Rohde